만만한 출판제작

개정판

만만한 출판제작

박찬수 지음

한국출판마케팅연구소

추천의 글

친절한 길잡이가 되기를 바라며

책 만드는 사람이라면 자신이 만든 책을 처음 받아보았을 때 가슴 두근거려보지 않은 이가 어디 있을까. 또한 표지만 앞뒤로 한참을 만지작거리다가, 떨리는 손으로 본문을 한 장 한 장 넘겨가며 훑어보고 나서, "아, 책 참 잘 만들었다"며 스스로 만족해 할 사람은 과연 얼마나 될까. 책을 실수 하나 없이 만든다는 건 정녕코 어려운 일이다. 책을 만드는 공정과정이 그만큼 길고, 수많은 기계와 수많은 사람의 손을 거쳐야 비로소 한 권의 책이 완성되기 때문이다.

이 책을 쓴 저자 박찬수 역시 한때는 '실수의 대가'였다. 급기야 어느 날엔가는 내가 참지 못하고, "그래, 책 만들면서 있을 수 있는 실수란 실수는 다 해보자, 이거냐?"며 큰소리를 친 적도 있다. 이 책을 읽는 독자들은 "아니, 저자가 설마?" 하겠지만 사실이다.

그러나 저자 박찬수가 다른 사람과 달랐던 건 적어도 같은 실수를 반복하지 않았다는 점이다. 또 하나, 실수를 반면교사 삼기 위해 그때마다 잘못된 상태를 사진 찍어두고 잘못의 원인을 일일이 기록해두었다는 점이다. 바로 그러한 오랜 현장 경험과 그 경험에서 나온 깨달음이 이 책을 쓰게 된 원동력이 되지 않았나 싶다.

출판제작의 가장 중요한 핵심은 정확도라고 생각한다. 이 책은 수없이 실수를 해본 사람만이 알 수 있는 제작 실수의 함정을 빠짐없이 담고 있다. 그것도 사진까지 곁들여서. 이 책이 다른 출판제작 책들과 차별화되는 점이 바로 여기에 있다고 생각한다. 한 권의 책이 그 책에 담겨 있는 메시지에 알맞은 모습으로, 한 점의 실수도 없이 탄생할 수 있도록 이 책이 친절한 길잡이 역할을 톡톡히 해주리라 믿는다. 그리하여 저자의 바람대로 이 책을 읽은 모든 이들이 '만만하지 않은 출판제작'을 '만만하게' 할 수 있게 되기를 바란다.

강맑실(사계절출판사 대표)

개정판을 내면서
출판제작, 책 만들기의 시작이며 완성이다

한림출판사에서 편집 일을 시작으로 출판사에 발을 들여놓았지만, 편집을 하면서 가장 소중하게 배운 것은 제작이었다. 그래서 사계절출판사에서는 주로 제작 업무를 도맡았다. 책을 만들면서 출판제작 공정을 제대로 이해할 기회가 주어진 것이 얼마나 고맙고 다행한 일인지 모른다.

과거에는 모든 편집 공정을 손으로 마물렀다. 시대가 변하면서 기술도 변했지만, 출판제작의 기본 원리는 변하지 않았다. 간편해졌을 뿐이다. 편리는 적잖은 문제도 낳는다. 인쇄 원리, 종이 특성, 제책 방식 등 기초 지식이 부족한 상태에서 컴퓨터에만 의존하다 보니 출판사와 제작처 간에 갈등이 생기기도 한다. 그래서 이 책에서는 출판제작 이론을 중심으로 제작 원리와 기초 정보를 제공하는 데 주력했다.

출판사에서 제작 업무는 '경영'이다. 출판제작, 만만하게 생각해서는 안 된다. 출판사의 지출 구조에서는 저자 인세, 인건비, 제작비 등이 가장 큰 비중을 차지한다. 따라서 제작 업무를 어떻게 하느냐에 따라 엄청난 비용을 낭비할 수도 있고, 반대로 직원 한 사람의 인건비를 절감할 수도 있다.

출판제작은 '기획'이다. 보통 출판제작 업무는 크게 세 가지 유형으로 나눌 수 있다.

첫째, 제작자가 기획부터 관여하는 형태이다. 이런 경우 제작자는 출판사의 경영 방침과 부서별 업무 흐름을 잘 이해하고 있기 때문에, 최종 결과물을 예측하고 사고를 예방할 수 있다. 즉 출판사 내에서 커뮤니케이션이 원활하게 이루어진다는 뜻이다.

둘째, 제작자가 심부름꾼 역할만 하는 형태이다. 이런 경우 출판물의 제작 의도를 정확히 파악하지 못해 사고 위험성이 높을 뿐만 아니라 제작 사고에 대처하는 능력이 현저히 떨어지고, 제작처와의 신뢰관계도 형성하기 힘들다.

셋째, 신생 출판사 또는 1인 출판사, 소규모 출판사들처럼 제작담당자 없이 제작업체에 제작 업무를 위탁하는 형태인데 제작 사고에 대처하는 능력이 부족할 수밖에 없다.

출판제작은 '출판사 구성원 모두의 것'이다. 제작 업무는 도서를 만드는 마지막 공정에 해당한다. 하지만 실제로는 가장 먼저 고민해야 하고 모두가 알고 있어야 하는 과정이다. 제작 공정을 이해하지 못하면 아무리 유능한 직원이라도 사고를 막지 못한다. 직원들 모두 한 권의 도서를 만들기 위해 필요한 정보를 공유하지 않으면 제작 과정에서 100% 사고가 일어난다. 이는 경영진도 마찬가지다.

출판제작은 저자와 독자, 그리고 출판사가 모두 만족할 만한 출판물을 만들어가는 과정이다. 그렇다면 구체적으로 어떤 공정을 거쳐 한 권의 도서가 탄생하고, 그 과정에서 주의해야 할 점은 무엇이고, 사고가 발생하면 어떻게 대처해야 할까? 이러한 물음을 하나씩 풀어가면서 각 공정에서 핵심적이고 놓치기 쉬운 부분들을 꼼꼼하게 정리한 이 책의 특징은 다음과 같다.

첫째, 출판제작의 흐름을 이해하고 출판사가 갖추어 할 것들, 그리고 제작 담당자의 업무 등에 대해 살펴보았다.

둘째, 이 책에서는 특히 제책을 강조했다. 실제로 기획편집자가 원고를 받고 가장 먼저 생각하는 것은 책의 형태이다. 즉 양장책으로 만들 것인지 무선책으로 할 것인지, 어떤 판형으로 할 것인지 등을 머릿속에 구상한다. 따라서 각양장, 환양장, 반양장, 무선 등 책의 형태미를 고려한 다음 다른 요소들을 정하는 것이 일반적이다. 책의 형태를 정하고 나면 본문, 표지, 면지 등 종이를 고르고, 인쇄 방식을 결정하게 된다. 그러므로 책을 만드는 과정에서 사고를 예방하는 데 가장 중요한 부분인 제책에 관한 정보와 지식을 가능한 한 많이 제공하려 했다.

셋째, 책의 판형, 본문 분량에 따라 제작비는 크게 차이가 난다. 따라서 합리적이고 효율적으로 종이를 활용할 수 있는 방법이 무엇인지 나름대로 정리했다.

넷째, 인쇄 방식, 종이 선택, 스캔 기술자의 마인드 등 다양한 요소에 따라 이미지 원고의 만족도가 달라진다는 점을 강조했다.

다섯째, 인쇄산업의 발달로 출판제작 공정에서 가장 큰 변화를 보여주는 과정이 출력이다. 현재 출판사들에게 많은 비용을 절감시켜주고 있는 과정이기도 하다. 인쇄 부수나 종이 절수 등에 따라 출력 수량도 달라지고, 인쇄의 질도 달라진다.

여섯째, 보통 인쇄는 인쇄업체에 의지한다. 우선 인쇄는 원고가 좋아야 하고, 경험이 풍부하면서 유능한 인쇄 기술자를 만나야 원가를 크게 절감할 수 있다.

일곱째, 후가공에서 빼놓을 수 없는 라미네이팅 등을 다루었다. 표지 라미네이팅 때 유광으로 해야 할지 무광으로 해야 할지 선뜻 판단하지 못하는 경우가 많다. 이때 가장 좋은 방법은 라미네이팅 업체에 인쇄교정지를 보내 샘플을 만들어보는 것이다. 또한 종이에 따라, 인쇄물 형태에 따라 주의해야 할 사항들을 강조했다.

여덟째, 원가분석 및 손익분기점에 대해 다루었다. 한 권의 도서를 만드는 데 소요되는 비용을 산출하고 어떻게 하면 원가를 절감하고 이윤을 창출할 수 있는지 과학적인 근거를 바탕으로 정책적 판단을 할 수 있도록 프로그램을 통해 모델을 제시했다.

여덟째, 제작처와 처음 거래하거나 변경하는 경우 제작처와의 관계를 어떻게 유지하는 것이 효율적이고 안정적인지를 다루었다.

이번 개정판에서는 제작 사고 유형을 부록으로 실어 한눈에 볼 수 있도록 했다. 용지, 스캔, 출력, 인쇄, 제책에서 발생할 수 있는 사고와 대처법을 사진과 함께 실었다. 이는 필자가 현장에서 부딪히며 겪었던 것을 기록한 것이다. 출판제작의 모든 사고를 막을 수는 없지만, 미리 숙지해놓음으로써 잘 대처해나가길 바란다.

부족한 점이 많다. 그렇지만 출판제작 업무를 맡고 있는 분들에게 조금이나마 도움이 될 수 있다면 좋겠다는 생각에 조심스럽게 책을 내놓게 되었다. 그동안 쌓아온 자료와 현장 경험을 통해 정리한 글이다. 앞서 출간된 『책 잘 만드는 책』『인쇄제작실무』『알기 쉬운 출판제작론』『편집디자이너를 완성하는 인쇄 실무 가이드』 등의 자료가 없었다면 필자 또한 오늘 이 글을 정리하지 못했을 것이다. 많은 선배님들께 감사드린다.

그리고 필자를 지도해주셨던 故 오경호 교수님께 먼저 이 글을 바친다. 대학 졸업 당시 출판사 근무는 아주 낮은 곳에서 시작해야 하며, 출판사를 세 곳 이상 옮기면 인생 끝난다는 말씀이 큰 도움이 되었다. 그 외에 감사의 말씀을 드려야 할 분이 너무나 많다. 한 분 한 분 열거하지는 못하지만 필자와 관계를 맺었던 모든 분들께 진심으로 감사드린다.

또한 책 출간을 제안하고 출판을 맡아준 한국출판마케팅연구소 한기호 소장님을 비롯해 개정판 작업을 함께한 오효영 편집자, 장원석 디자이너에게 감사를 드린다. 끝으로 묵묵히 응원한 가족들에게도 감사의 마음을 전한다.

2014년 3월
박찬수

추천의 글 | 친절한 길잡이가 되기를 바라며 —— 5
개정판을 내면서 | 출판제작, 책 만들기의 시작이며 완성이다 —— 7

1 출판제작, 흐름을 읽고 맥을 짚어라
출판제작, 출판사 혼자서는 못 한다 —— 17
출판사가 갖춰야 할 것들 —— 22
제작 담당자의 업무 —— 25
제작 담당자에게 요구되는 능력 —— 26

2 제책, 책의 운명을 좌우한다
제책이 왜 중요한가 —— 29
책의 각부 명칭 —— 30
제책 재료 —— 31
제책의 종류 —— 32
양장 제책 과정 —— 45
무선 제책 과정 —— 48
가제책 —— 50
제책 이전에 점검해야 할 것들 —— 53
제책의 감정 요령 —— 55
제책 단가표 —— 57

3 종이, 아는 만큼 비용은 줄고 효과는 배가된다
종이는 어떻게 만들어지는가 —— 62
종이의 종류와 특성 —— 63
종이의 품질과 특성 —— 66
종이의 성질 —— 68

종이의 두께 —— 70
종이의 규격과 판형 —— 71
판형 조견표 활용법 —— 74
종이 절수와 판형의 다양성 —— 77
종이결 —— 79
종이의 거래단위와 포장단위 —— 82
종이 계산법 —— 83
종이 절감 사례 —— 88
국내 제지회사, 합지회사, 지업사 —— 90

4 스캔, 책이 확 달라진다
스캐너의 종류 —— 93
원고 형태에 따른 스캔 —— 97
스캐너의 제원 —— 100
스캔 때의 주의사항 —— 101
외국 도서의 스캔 —— 104
스캔비 계산법 —— 105

5 출력, 꼼꼼하고 차분하게 점검하라
모아붙이기(터잡기) —— 109
CTF(Computer to Film) 출력 —— 114
CTP(Computer to Plate) 출력 —— 115
인디고, 인쇄 교정 —— 118
출력 전에 확인해야 하는 사항 —— 120
출력의뢰서 작성 요령 —— 123
출력업체의 점검사항 —— 128
출력물, 이렇게 점검하라 —— 129
필름 출력비 —— 130

6 인쇄, 원리를 알고 정확히 지시하라

인쇄에 필요한 요소 —— 135
인쇄판 —— 136
인쇄 잉크 —— 138
인쇄 종이 —— 142
인쇄기의 구분 —— 143
인쇄의 종류와 원리 —— 144
오프셋 인쇄 과정 —— 151
오프셋 인쇄 과정에서 발생할 수 있는 문제 —— 155
그 밖의 인쇄기법 —— 157
인쇄비 단가 조견표 —— 160

7 후가공, 작지만 색다른 변화를 준다

코팅과 라미네이팅 —— 163
박 찍기 —— 169
모양따기 —— 172
귀돌이 —— 174
미싱 —— 175
넘버링 —— 176

8 원가분석과 손익분기, 합리적이고 체계적인 시스템을 구축하라

원가분석이 왜 중요한가 —— 179
원가분석의 구분 —— 181
직접비의 구성 요소 —— 182
간접비의 구성 요소 —— 188
손익분기점 —— 190
제작사양서 —— 192

9 제작처, 서로 협력하고 신뢰하는 동반자다

출력 및 스캔 업체 —— 197

편집디자인 외주업체 —— 199

제지회사 및 지업사 —— 200

인쇄업체 —— 201

라미네이팅 업체 —— 204

제책업체 —— 205

부록

용지 사고 유형 —— 209

스캔 사고 유형 —— 213

출력 사고 유형 —— 215

인쇄 사고 유형 —— 218

제책 사고 유형 —— 221

코팅·라미네이팅 사고 유형 —— 223

제책 용어 —— 224

스캔 용어 —— 226

인쇄 용어 —— 229

참고문헌 —— 233

찾아보기 —— 235

1장
출판제작,
흐름을 읽고 맥을 짚어라

출판제작은 출판사 혼자만의 몫이 아니다. 제작처의 협조 없이는 출판사가 의도하는 최상의 출판물을 기대하기 어렵다. 대부분의 출판사는 출간 일자를 결정하고 진행하지만, 제작처도 나름대로 일정이 있다. 그러므로 출판사와 제작처가 서로 이해하고 인정하는 시스템을 만들어야 한다.

원고
출판사와 저자가
공감하고 독자가
만족스러워하는 글

레이아웃
주어진 지면에 원고를
배치하는 작업

종이 선택
텍스트나 이미지에
가장 적합한
종이 선택

인쇄·인쇄판 만들기
완성된 필름 또는 파일로
인쇄판을 만들고
인쇄기를 이용해
색을 재현하는 것

스캔 및 출력
아날로그 이미지를
디지털 데이터로 변환해
인쇄 가능한 필름 또는
파일을 만드는 것

교정지
레이저 프린트
교정지나 인쇄교정지,
그리고 인디고

후가공
라미네이팅, 코팅,
박, 형압 등
표지를 부각시키는 것

접지 및 제책
인쇄물을 페이지
순서대로 접고
표지를 붙여
책의 형태를 만드는 것

납품
완성된 출판물을
물류창고에
입고하는 것

출판제작, 출판사 혼자서는 못 한다

좋은 출판물 만들기
좋은 출판물을 만들려면 원고의 질, 편집자와 디자이너의 역할, 원고를 가장 잘 표현할 수 있는 종이 선택, 이미지를 잘 재현해내는 스캔과 출력, 표지를 돋보이게 하는 후가공, 저자와 독자들이 만족하는 제책 등을 정확히 이해하고 실행해야 한다.

좋은 원고란?
출판사와 저자가 공감하는 원고를 말한다. 텍스트 원고는 수정이 없어야 하고, 사진이나 일러스트는 최상의 이미지여야 한다.

레이아웃 작업
주어진 지면에 원고를 배치하는 것으로, 출판물의 종류에 맞게 지면을 구성하고 적절한 서체와 색상을 활용해 독자들이 선호하는 시각적 효과를 만들어내는 것이다.

텍스트와 이미지에 적합한 종이 선택
출판제작에서 종이 선택은 매우 중요하므로 다음과 같은 점에 유의해야 한다.
첫째, 다른 공정보다 비용이 높기 때문에 신중해야 한다.

둘째, 텍스트나 이미지를 잘 재현하는 종이를 선택해야 한다.

셋째, 종이는 출력선수와 아주 밀접한 관계를 갖고 있다.

넷째, 종이 두께에 따라 접지 방식이 달라지므로 그에 맞게 출력해야 한다.

공정별 교정지

레이아웃 작업이 완료되면 디자이너와 교정자가 검토하기 위해 출력하는 레이저 프린트물을 통상적으로 교정지(초교지, 재교지, 최종교정지)라 말한다. 또 다른 하나는 인쇄교정지(교정쇄)다. 본인쇄를 하기 전에 표지나 본문의 일부를 필름으로 출력해 인쇄지를 검토하는 과정이다. 인쇄교정지는 일반 4색 인쇄기로 색을 재현하는 것이 아니라 1색 인쇄기로 청, 먹, 적, 황 순서로 한 가지씩 색을 재현하기 때문에 본인쇄물과 약간의 차이가 있다. 인디고(Indigo Digital Print)는 본책과 동일한 용지 등을 사용해서 한 권의 도서처럼 출력을 해서 보는 작업이다. 최근에는 PDF 파일 교정지 또한 제작과정에서 중요한 프로세스로 여겨진다.

스캔 및 출력

사진이나 일러스트를 스캔하는 경우 전문업체에 의뢰하는 것이 좋다. 일반적으로 출판사에서 사용하고 있는 스캐너는 인쇄 과정에서 원하는 이미지를 재현하는 데 한계가 있다. 인쇄물 원고로 사용할 경우 반드시 전문업체에 의뢰해야 한다.

필름 출력은 레이저 프린트 교정지나 인쇄교정지가 최종적으로 이상이 없을 경우 출력업체로 데이터를 보내 필름으로 출력하는 것이다. 종이의 두께에 따라 접지 방식이 달라지는 것을 고려하여 터잡기를 해야 하며, 종이의 질에 따라 출력선수를 달리해야 한다. 원고에 따라 단도 필름과 CMYK의 4도 분판 필름으로 출력한다. 최근에는 필름을 출력하지 않고 데이터를 곧바로 인쇄판에 전송하는 CTP(Computer to Plate) 방식도 있다.

필름 출력은 터잡기가 된 상태로 출력하는 경우와 낱장으로 출력하는 경우가 있는데, 최근에는 터잡기가 된 상태로 자동 출력하는 빈도가 높아지고 있다. 4도 분판 필름을 낱장으로 출력했을 경우에는 사람이 네 장의 필름을 맞추어야 하기 때문에 정확도가 떨어지지만, 터잡기가 된 상태로 출력하면 필름이 흔들리지 않고 색 재현성이 높다.

인쇄판, 그리고 인쇄

완성된 필름으로 인쇄를 하려면 인쇄판을 만들어야 한다. 이를 소부 작업이라고 하는데, 터잡기가 된 필름을 인쇄판에 올려놓고 빛쬠 및 현상하여 인쇄기의 판통에 장착할 인쇄판을 만드는 작업을 말한다. 인쇄판에 올려놓은 필름의 빛 투과 정도에 따라 인쇄 잉크가 묻는 곳(화선부)과 농도가 결정된다.

빛쬠이나 현상이 완료된 인쇄판을 인쇄기에 장착해 색을 재현하는 것을 인쇄라고 한다. 인쇄기는 크기에 따라 국전지기, 사륙전지기, 사륙반절기, 국반절기, 하드롱(900×1200)기 등이 있으며 인쇄기 종류에 따라 1색기, 2색기, 4색기, 5색기, 양면 8색기, 윤전기 등이 있다. 4색 출판물은 먹(K), 청(C), 적(M), 황(Y) 순서로 인쇄하고 경우에 따라 순서를 바꾸기도 한다.

후가공

표지 인쇄물의 타이포, 일러스트, 사진 등을 부각시키기 위해 활용하는 제작기법이다. 현재 국내 출판시장으로 보면 오프라인 판매보다는 온라인 판매가 많은 상황에서 비용 대비 효과에 대해서는 긍정적인지 잘 모르겠다.

접지 및 제책

인쇄가 완료되면 출력 때 설정해놓은 접지 방식에 따라 인쇄물을 절반으로 재단해 접지를 하거나 전지 상태로 접지를 한다. 페이지 순서대로 접지가 끝나면 제책 과정으로 들어간다.

납품

완성된 출판물을 안전하게 정해진 날짜에 출판사 물류창고로 입고하고, 신간 배본 계획에 따라 독자들에게 전달하는 것이다.

제작 시기는

출판물 제작 과정에서 가장 먼저 생각하고 고려해야 하는 것이 일정 조절이다. 홍보 전략과 출고 시기를 살피고 각종 사회현상, 방학 시기, 일련의 행사 등을 고려해 일정을 맞추어야 한다. 특히 초판과 재판의 제작 시기 조절은 아주 중요하다.

제작 의뢰는 누구에게

출판사에서 출간 시기를 고려해 제작 일정을 편성할 때 주의해야 할 점은 제작처의 분배이다. 제작처의 제작 공정과 업무량을 파악해 원활히 진행되도록 신경을 써야 한다. 제작처가 크다고 해서 좋은 것만은 아니고 작다고 해서 나쁜 것만은 아니다. 출판사와 궁합이 잘 맞는 제작처가 최고의 제작처이다. 출판사가 더 잘해야 한다.

제작 효과는 출판사 이미지와 직결된다

출판사의 요구대로 도서를 만들어내는 것은 제작처의 몫이다. 제작 과정에서 기획편집자가 요구하는 대로 판면을 앉히지 못했거나, 페이지가 바뀌었다든지, 필름이 뒤집혔다든지, 인쇄 농도가 맞지 않는다든지, 내용이 이중으로 인쇄되었다든지, 책 사이즈를 맞추지 못했다든지, 접지가 잘못되었다든지, 표지 책등을 중앙으로 맞추지 못했다든지 등 어느 한 부분이라도 문제가 생기면 책과 출판사의 이미지를 크게 손상시킬 수 있기 때문이다. 또한 운반 과정에서 너무 무리하게 바인딩을 하거나 마구잡이로 던져버리면 책이 손상되어 재고도서로 남게 된다.

좋은 제작물은 결과도 좋다
도서를 마무리하는 과정으로 제작 상황을 정확하고 세밀하게 살피지 못하면 독자들에게 올바른 정보를 전달하지 못하는 결과를 초래한다.

출판사가 갖춰야 할 것들

플라스틱자 · 쇠자 · 줄자

놀랍게도 출판사에서 길이와 두께를 재는 데 사용하는 자가 플라스틱자라고 한다. 플라스틱자는 제조회사에 따라 눈금이 다르다. 따라서 출판 제작에서는 쇠자를 사용하는 것이 안전하고 정확하다. 물론 실무자는 휴대할 수 있는 소형 줄자를 사용해도 좋다.

버니어 캘리퍼스

흔히들 출판물을 만들면서 책등을 결정할 때 유사한 도서의 두께를 자로 재는데, 이로 인해 디자이너가 지정한 책등 사이즈와 맞지 않아 사고를 초래한다. 일반적으로 본문에 사용하는 80미색모조의 경우 제지회사마

다 두께가 조금씩 다르기 때문에 실제로 본문 인쇄에 사용할 종이를 플라스틱자가 아닌 버니어 캘리퍼스로 정확하게 재는 것이 안전하다.

두께 게이지

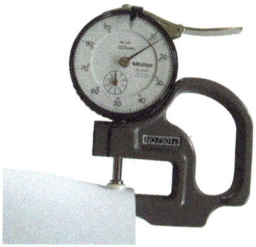

종이 두께를 재는 도구다. 경험이 풍부한 제작자나 디자이너의 경우 손가락으로 만지작거리며 대략 몇 그램(g/㎡)이라고 추측하는데, 이는 아주 잘못된 방법이다. 사용하고자 하는 종이의 두께를 모르면 생산업체에 문의하고, 수입지는 두께 게이지를 사용하면 정확히 측정할 수 있다.

라이트 테이블

필름을 출력한 뒤 사무실의 대형 테이블에 흰 종이를 깔아놓고 교정을 보는 경우가 있다. 이때 4도 필름에서는 이미지 유실 등을 정확하게 잡아내기 힘들다. 안전하고 정확한 필름 교정을 위해 필름 보관함과 라이트 테이블을 이용하는 것이 좋다.

루페(확대경)

루페는 인쇄물의 핀(가늠표)이 정확한지, 망점이 고르게 인쇄되었는지, 인쇄 농도는 적당한지 등 인쇄물을 점검하는 데 사용하는 도구이다.

편집배열표

첫 페이지부터 마지막 페이지까지 세부적인 내용을 편집배열표로 정리해 출력업체에 전달하면 출력 과정에서 실수를 예방할 수 있다. 인쇄업체는 페이지 번호가 붙어 있지 않은 인쇄물을 인쇄할 수도 있기 때문에 편집배열표를 보고 그 내용을 체크한다. 제책도 마찬가지다. 인쇄물이 한꺼번에 도착하지 않으면 임의로 페이지를 정리하는데, 이때 본문 순서가 바뀌기도 한다. 따라서 모든 거래처에 편집배열표를 전달하는 것이야말로 사고를 줄이는 가장 안전한 장치이다.

종이 견본

제지회사마다 자사 제품을 홍보하기 위해 주력 상품을 중심으로 책자를 만들어 배포한다. 특히 신상품을 출시하면 별도의 책자를 만들어 홍보하기도 한다. 이들 종이 견본은 디자이너와 편집자가 갖춰야 할 기본 필수품이다. 일반 종이 견본도 있지만 합지책에 사용하는 다양한 종류의 견본도 있으므로, 이를 적극적으로 활용하는 것이 좋다.

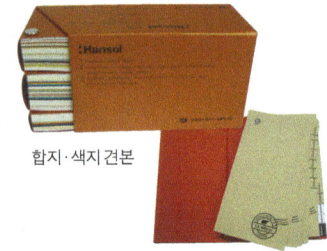
합지·색지 견본

헤드밴드와 가름끈

양장 제책에서 가장 많이 사용하는 재료이다. 제책 방식이나 원고 성격에 따라 적절하게 활용하면 효과적이다. 물론 헤드밴드나 가름끈을 한다고 좋은 책이 되는 것은 아니다.

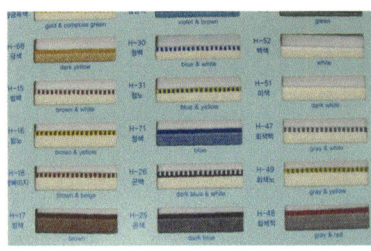
헤드밴드 견본(정화산업사 제공)

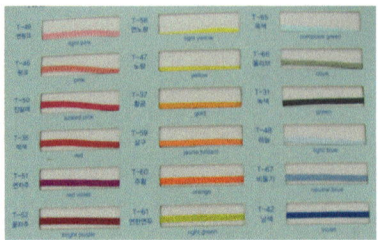
가름끈 견본

제작 담당자의 업무

- 출판사의 경영 방침과 제작 방침을 이해하고 준수한다.
- 제작 목표를 설정하고 발주 전략과 전술을 확립한다.
- 제작 진행 및 그 뒷마무리를 이해한다. 발주 활동과 각 도서별 손익분기점 및 원가계산서 작성, 청구서 정리, 제작물 원고의 접수, 진행 상황의 파악과 조정, 작업 사고의 처리, 거래처 서비스, 청구서 결재 등을 점검한다.
- 작게는 각 거래처의 인력 관리, 장기 전망, 신기술 도입, 업계 동향부터 크게는 출판 시장과 제작업체 시장 동향 등에 관한 정보를 수집해 기록한다.
- 제작 실적과 계획 대비 분석을 행한다.
- 출판사의 경영진, 기획편집·디자인·마케팅 부서 등과 업무 협조가 원활히 이루어지도록 회의를 소집한다.

제작 담당자에게 요구되는 능력

판단력

제작 담당자는 제작과 관련해 회사의 대표자이자 대변자이다. 그러므로 제작 담당자는 출판사의 이익과 제작처의 의향을 잘 구분해 판단해야 한다.

지도력과 수완

제작 담당자는 지도력과 수완이 필요하다. 출판사의 요구와 거래처의 상황 사이에서 알맞은 결론을 내리고 최고의 결과를 얻기 위해 협상뿐 아니라 때로는 강력한 추진력을 발휘해야 한다.

정신력과 인내력

출판사의 요구와 제작처의 이해가 서로 다른 경우 제작 담당자는 예상치 못한 사고의 처리, 제작처를 향한 온갖 요구 등에 적절하게 대처해야 한다. 때로는 야간·휴일근무도 감수해야 한다. 따라서 정신과 육체에 가해지는 부담을 감당해내려면 강인한 정신력과 인내력이 필요하다.

커뮤니케이션 능력

출판사와 제작처 사이에 필요한 인간관계를 구축하고, 자신의 의도와 상대의 입장을 서로 잘 이해하고 받아들이려면 커뮤니케이션 능력이 필요하다. 즉 마음에서 우러나오는 신뢰와 믿음이 뒤따라야 한다.

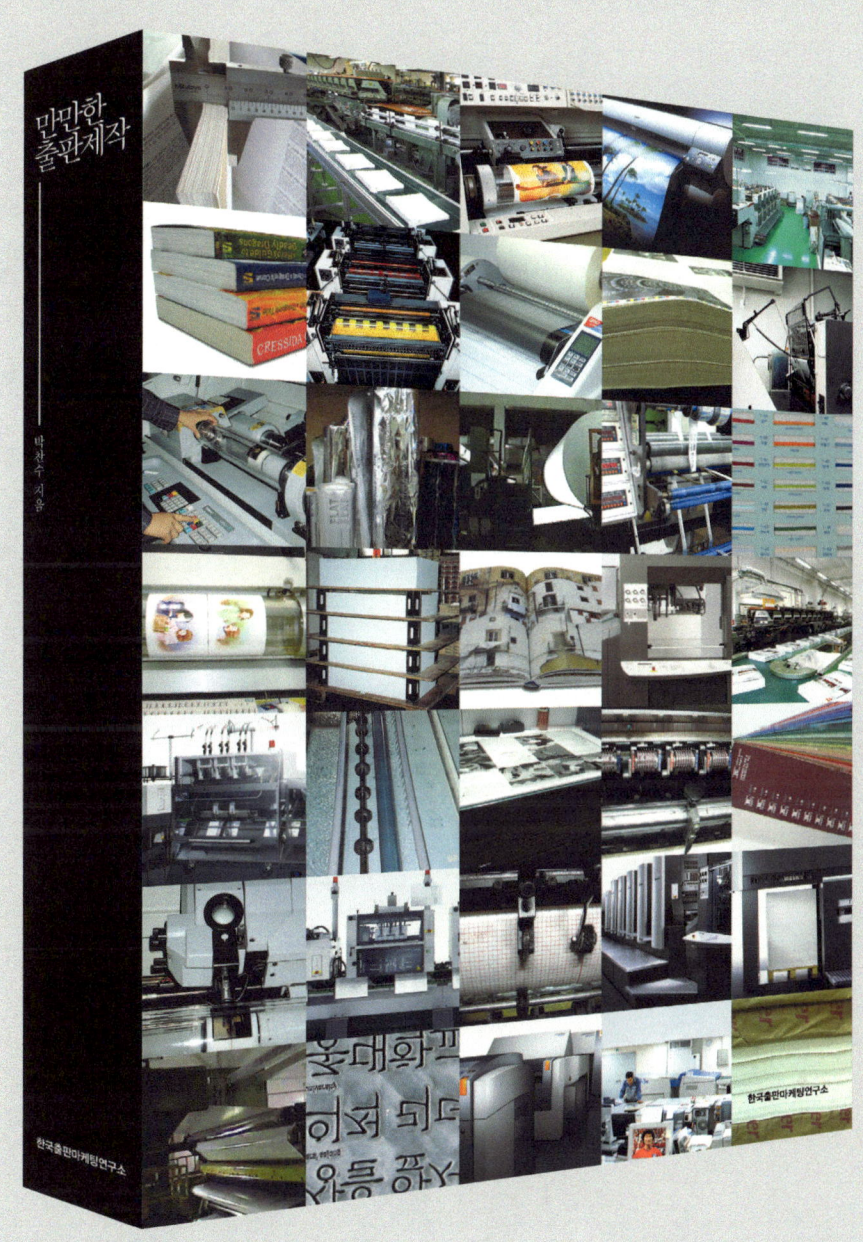

2장
제책,
책의 운명을 좌우한다

어떤 원고가 들어오든 출판사는 독자들에게 적합한 형태의 책을 만들기 위해 애쓴다. 즉 제책을 먼저 생각하고 그 안에 편집 방식, 본문 종이, 면지, 인쇄 방식, 표지 후가공 등을 고민하게 된다. 어떤 제책 방식이냐에 따라 필름 출력 때의 접지 방식, 종이 두께 등 많은 것들에 영향을 주게 된다.

제책이 왜 중요한가

제책(현장에서는 제본이라고 함)이란 어떤 형태로 책을 만들 것인가를 판가름하는 가장 중요한 요소이다. 책을 만들 때는 우선 판형과 형태, 표지, 띠지, 커버, 본문 구성물 등을 어떻게 할 것인지 고민해야 한다.

제책이란 설계한 바를 건축하는 기법과 같다. 즉 건설회사는 소비자들에게 좋은 집을 팔기 위해 먼저 설계도를 그리고, 그에 맞게 다양한 자재로 모델하우스를 지어 소비자들에게 제공한다. 책도 마찬가지다. 어떤 형태로 제책을 하느냐에 따라 본문과 표지에 사용하는 종이, 출력 방식, 인쇄 방식, 코팅 방식, 후가공 기법 등이 다양하게 적용된다.

제책 방식은 원고 형태에 따라, 독자층에 따라, 제작 부수에 따라, 원가계산에 따라 달라질 수 있다. 이를 미리 검토하고 점검하려면 가제책(가제본) 과정을 거쳐야 한다.

양장 제책기(신안제책 제공)

무선 제책기(삼성문화인쇄 제공)

책의 각부 명칭

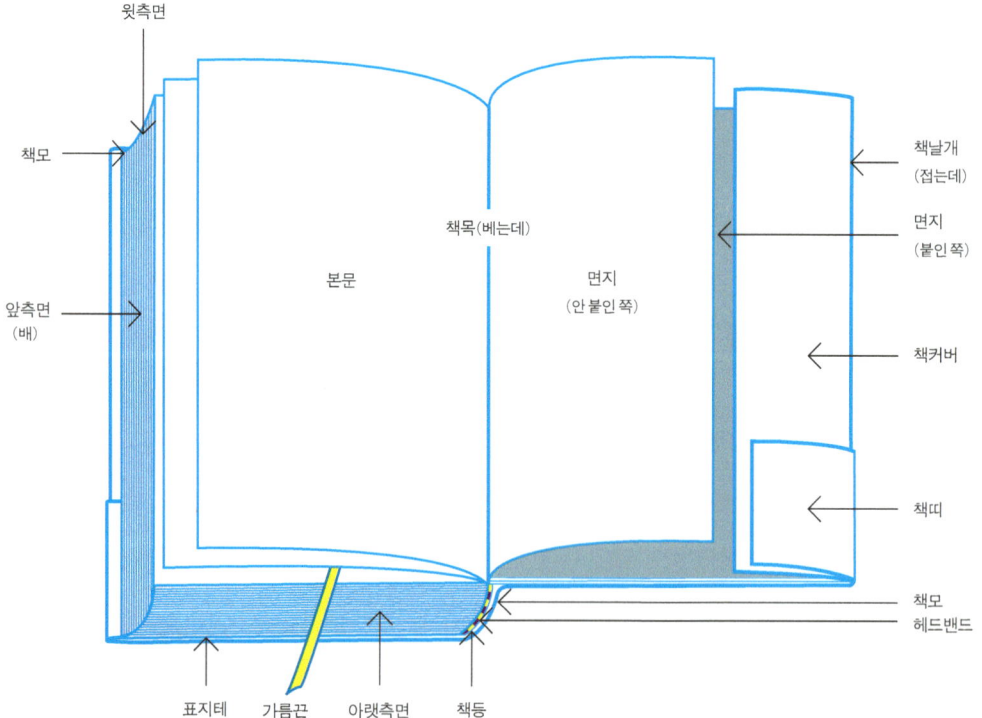

제책 재료

접착 재료
풀 종류(쌀풀, 밀가루풀 등), 아교류(동물의 심줄을 고아 만든 갖풀), 화학풀

매기 재료
철사류(책 두께에 따라 철사 호수를 달리함), 실 종류(책 사이즈와 두께에 따라 실을 선택함), 세양사류

겉꾸밈 재료
피혁류(양, 염소, 돼지, 표범, 소 같은 동물 가죽과 상어, 연어, 송어 같은 물고기 가죽), 클로스(천클로스, 종이클로스, 종이, 비닐류, 인쇄클로스류, 엠보싱지류 등), 피륙류(비단, 아트지, 코트지 등), 판지류(백판지, 황판지, 갈색판지, 마닐라지, 합지 등)

화장 재료
박류(금박, 은박 등), 염료(각종 색박), 헤드밴드, 셀로판, 비닐, 파라핀지, 띠지, 책갈피끈

제책의 종류

양장 제책

표지를 제외한 본문을 실로 꿰매고 정해진 규격으로 재단한 다음 둥근등(환양장)이나 모난등(각양장)으로 굳혀 부속물(등종이, 헤드밴드, 가름끈, 세양사 등)과 면지의 힘으로 표지를 씌우는 방식이다.

아지노 각양장

본문 책등 부분을 실로 꿰매지 않고 일정한 간격으로 구멍을 내어 풀이 스며들게 하는 제책 방식이다. 다른 방식보다 제책비는 저렴하지만, 견고성이 떨어지고 책장 넘김이 자연스럽지 않다. 특히 두꺼운 본문 종이를 사용했을 경우 한 장씩 떨어지거나 풀이 제대로 붙지 않아 일정한 페이지가 낱장 또는 통째로 빠지기도 한다. 제작 일정이 사철 각양장보다 짧으며, 개별면지를 사용하는 것이 좋다. 성인 도서의 경우 비용을 절감하기 위해 아지노 각양장을 많이 택한다.

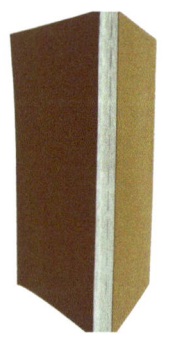

아지노 각양장의 본문 책등 형태

사철 각양장

본문의 책등을 실로 꿰매는데, 접지 방식에 따라 앞 페이지부터 순서대로 마지막 페이지까지 묶는 것을 말한다. 도서의 견고성을 추구하거나, 책장 넘김의 자연스러움을 필요로 하거나, 본문 종이가 두꺼운 경우에 주로 사용하는 제책 방식이다.

둥근등과 모난등

둥근등 양장책은 펼쳐보기 편하고 본문 앞측면, 즉 배가 안으로 들어가 있어 모양이 흐트러지지 않는다. 모난등 양장책은 예각이 반듯하여 보기가 좋지만 제책이 잘못되면 본문 앞측면이 밖으로 삐져나와 모양이 흐트러진다.

둥근등 양장책은 책등이 표지와 밀착되어 있는 찬등(tight back)과 책등에 표지가 직접 붙어 있는 휜등(flexible back)이 있고, 책등과 속장이 떨어져 있는 빈등(hollow back)이 있다. 찬등은 유연성이 좋은 반면 제책 기술이 좋지 않으면 모양이 쉽게 흐트러지고, 휜등은 펼쳐보기 편하지만 제책이 제대로 되지 않으면 모양이 흐트러지고 앞측면이 울퉁불퉁하게 삐져나온다.

쪽수가 적은 책은 모난등이 알맞으며, 쪽수가 많은 책은 둥근등으로 제책하는 것이 좋다.

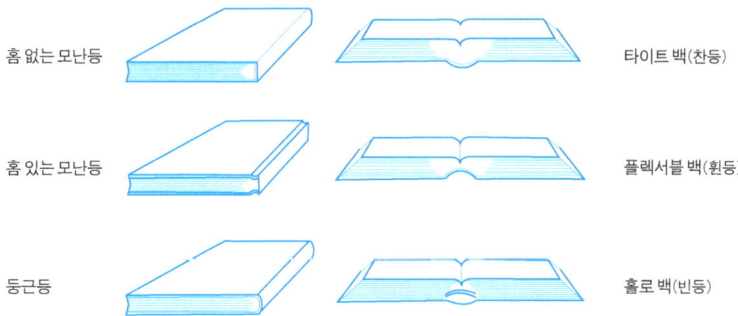

개별면지와 제물면지

제책에서 면지는 두 가지로, 개별면지와 제물면지이다. 개별면지는 본문과 다른 종이 또는 같은 종이를 사용하며, 본문의 앞뒤에 각각 4쪽씩 모두 8쪽을 넣는다. 이때 면지는 따로 터잡기를 해야 한다. 제물면지는 본문과 같은 종이를 사용하며, 본문과 함께 터잡기를 해야 한다. 터잡기를 따로 하느냐, 본문과 함께 하느냐가 서로 다른 것이다. 개별면지를 사용하면 책이 견고해지지만 작업 효율성이 떨어진다. 반면, 제물면지는 견고성이 떨어지고 작업 효율성은 높은 편이다.

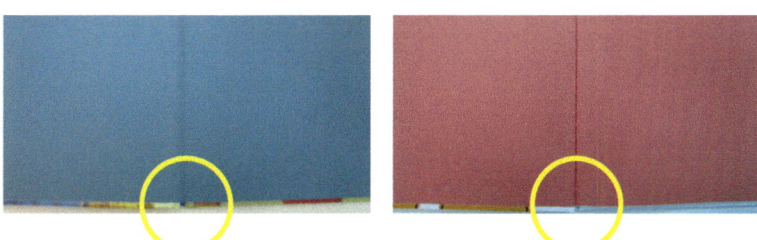

개별면지 면지가 연결되어 있는 형태　　**제물면지** 면지가 연결되어 있지 않은 형태

사철 각양장은 편집배열표가 어떻게 구성되느냐에 따라 터잡기 방식이 달라진다. 양장에서 가장 위험스러운 것은 접지에서 4쪽으로 끝나는 경우로, 실로 꿰매기가 불가능하기 때문에 제물면지를 사용하는 방식을 고민하지 않으면 안 된다.

사철 각양장의 책등 형태

사철 각양장의 본문 펼침 모양
(본문이 실로 꿰매져 있음)

- 편집배열표에서 앞면지 4쪽, 본문 1대 8쪽, 본문 2대 8쪽, 본문 3대 8쪽, 본문 4대 8쪽, 뒷면지 4쪽인 경우 개별면지를 사용하고 본문 32쪽의 책이 만들어진다.

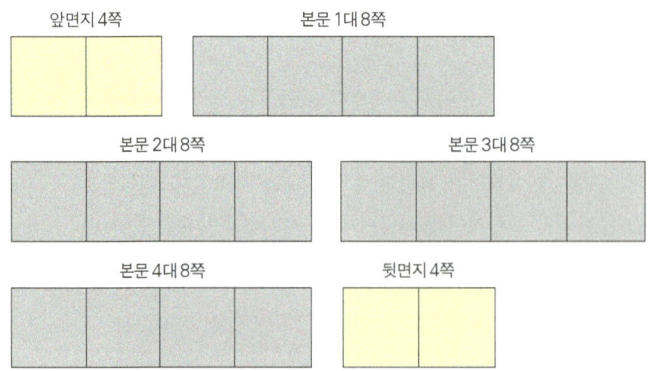

- 편집배열표에서 앞면지 4쪽, 본문 1대 8쪽, 본문 2대 8쪽, 본문 3대 8쪽, 본문 4대 4쪽, 뒷면지 4쪽인 경우 앞면지를 개별면지로 사용하고

본문 1~3대를 개별로, 본문 4대와 뒷면지를 묶어서 인쇄하게 되면 뒷면지는 제물면지를 사용하고 본문 28쪽의 책이 만들어진다.

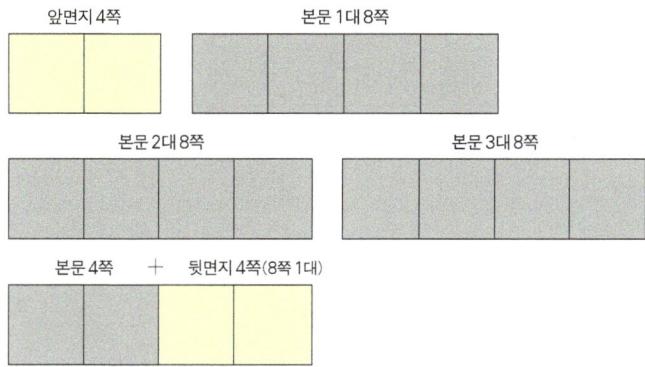

- 편집배열표에서 앞면지 4쪽과 본문 4쪽을 포함해 1대, 본문 2대 8쪽, 본문 3대 8쪽, 본문 4쪽과 뒷면지 4쪽을 묶어서 1대를 인쇄하는 경우 앞뒤 면지 모두 제물면지가 되며 본문 24쪽의 책이 만들어진다.

미싱 각양장

중철 제책과 같은 방식으로, 가운데에 철사를 박은 잡지를 떠올려보면 된다. 미싱 각양장은 본문 중앙을 재봉틀로 실을 박아놓은 모양이다. 아지노 각양장이나 사철 각양장과 달리, 미싱 각양장은 본문을 모을 때 맨 중간 페이지부터 모아서 마지막에 면지가 붙어 있는 인쇄물이 올려지고, 접히는 중앙 부분을 실로 박는다.

   미싱 각양장으로 만든 책은 견고성이 뛰어나고, 책장 넘김이 좋다. 그러나 제작처에서는 선호하지 않는 방식이다. 미싱 바늘이 약해 작업 효율성이 떨어지기 때문이다. 또한 미싱 각양장은 아동용 그림책에서 주로 사용하는 제책 방식이다. 본문이 64쪽 이상이거나 종이가 두꺼우면 바늘이 뚫을 수 없기 때문에 미싱 각양장이 불가능하다.

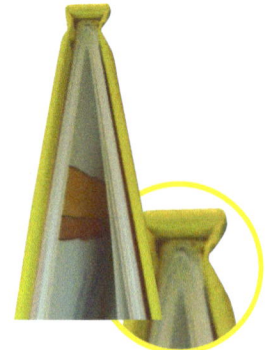

견고성이 뛰어난 미싱 각양장의 책등 형태

사철 환양장

사철 각양장과 같이 책등 부분을 실로 꿰매는 방식인데, 책등이 둥근 형태이다.

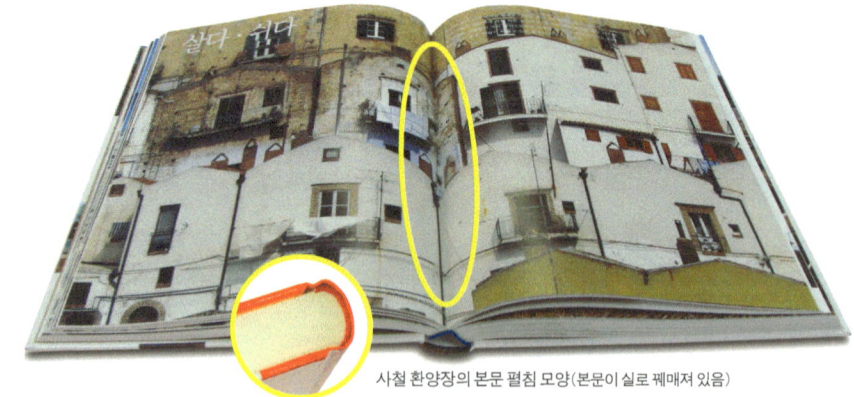

본문 책등을 실로 꿰맨 상태   사철 환양장의 본문 펼침 모양(본문이 실로 꿰매져 있음)

아지노 환양장

아지노 각양장과 같이 책등 부분을 실로 꿰매지 않고 접지한 상태이며, 책등이 둥근 형태를 말한다. 환양장의 경우 대부분 개별면지를 사용해야 한다. 제물면지는 본문 종이를 사용하는데, 본문 종이가 미색모조 80g/㎡인 경우 면지로 사용하기가 불가능하기 때문이다.

본문 책등을 타공한 상태　　　아지노 환양장의 본문 펼침 모양(구멍이 나 있음)

반양장 제책

표지는 무선 제책 방식과 같지만 본문은 양장책처럼 실매기로 처리하는 방식이다. 책등은 양장책처럼 찬등, 휜등, 빈등으로 처리하는 게 불가능하며 풀매기와 같이 씌우는데, 표지와 본문을 유지하는 것은 면지의 힘이라는 점을 명심해야 한다. 따라서 책이 두꺼우면 반드시 제책업체와 의논해 면지를 골라야 한다. 양장책과 다른 점은 본문과 표지의 규격이 같다는 것이다. 책커버는 별도로 씌우는 방식과 본문에 붙이는 방식이 있는데, 날개를 접는 표지는 제책업체에 특별히 지시해두어야 한다.

반양장 제책을 하게 되는 경우는 다음과 같다.
- 양장으로 만들기에는 제작비가 부담스러운 경우
- 양장으로 만들기에는 무겁다고 느끼는 경우

- 양장으로 만들기에는 독자들의 저항이 예상되는 경우
- 양장으로 만들기에는 대중성이 떨어진다고 판단되는 경우
- 미술서처럼 본문의 이미지 퀄리티를 높이기 위해 두꺼운 종이를 사용하는 경우
- 본문이 잘 펼쳐지면서 견고해야 하는 경우
- 책장 넘김이 자연스러워야 하는 요리책, 예술서, 사진집 등의 경우

반양장의 본문 펼침 모양
(본문이 실로 꿰매져 있음)

무선책과 동일한 책등 형태

소프트 양장 제책

표지는 합지보다 얇은 마닐라지 형태의 종이에 직접 인쇄하여 접히는 부분에 홈을 만든 후 강력접착제 또는 양면테이프를 이용해 접는 방식이다. 본문은 모두 양장책처럼 실매기로 처리한다. 표지와 속장을 유지하

소프트 양장의 본문 펼침 모양
(본문이 실로 꿰매져 있음)

양장책보다 유연하고
무선책보다 견고한 책등 형태

는 것은 면지의 힘이다. 그러므로 표지 종이가 두꺼운 경우 제작처와 협의하여 면지를 선택해야 한다. 다만 표지가 합지보다 유연하기 때문에 휘는 현상이 있으며, 책등 모서리 부분에서 라미네이팅이 터질 위험성이 있다.

풀매기 제책

풀매기 제책은 책의 본문을 실이나 철사로 꿰매지 않고 풀로만 매는 방식이다. 현장에서는 '무선철' 또는 '무선'이라고 부른다. 무선 제책기로 책 한 권분의 등을 평평하게 깎거나 타공한 다음 접착제를 바르고 표지를 씌워 가열 건조하여 굳어지면 재단한다.

    대부분의 단행본과 잡지가 이 방식을 사용하는데, 쪽수가 너무 많거나 본문 종이가 두꺼우면 제책 사고가 날 가능성이 높다. 따라서 150g/㎡ 이상의 모조지나 아트지를 본문 종이로 사용하는 경우 실매기 양장 또는 반양장으로 제책 방식을 바꾸어야 한다.

아지노 무선

본문 접지물 책등 부분에 칼로 일정한 간격의 구멍을 낸 다음 구멍 부분에 풀이 흡수되어 접착되도록 하는 방식이다. 일반 무선(현장에서는 떡제본이라고 함)보다는 견고하지만 책등에서 풀이 고르게 스며들지 않으면 본문 4쪽 또는 8쪽 정도가 통째로 빠져버릴 수 있다. 일반적으로 무선 제책 과정에서는 색면지, 인쇄면지, 본문 인쇄물 등을 면지로 사용한다. 아지노 무선 제책에서 색면지나 인쇄면지를 사용하면 책등 쪽을 갈아내지 않기 때문에 펼침 모양과 견고성이 좋다.

본문 일부가 통째로 빠지는 현상

면지 중앙이 연결된 상태

일반 무선(떡제본)

본문 접지물 책등 부분을 칼로 2~3mm 갈아내고, 또 다른 칼로 책등에 홈을 내어 그 사이에 풀이 붙을 수 있도록 하는 방법이다. 칼날로 얼마만큼 홈을 내느냐, 어떤 풀을 사용하느냐에 따라 책의 견고성이 달라진다.

그러므로 책등을 2~3mm 갈아낸다는 점을 미리 감안하고 판면을 잡아야 한다. 만약 이를 간과하면 레이아웃 작업을 할 때는 본문 안쪽 여백이 3cm이지만 실제로는 2.7cm가 되고, 전체적으로 6mm가 줄어들게 되는 셈이다. 양쪽에 걸쳐 사진이나 일러스트가 있는 경우 주의를 요한다.

면지 중앙에 일정한 간격으로 구멍이 난 상태

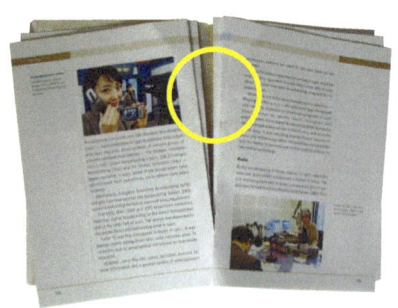
본문이 한 장씩 뜯어지는 현상

PUR 제책

PUR(Poly Urethane Reactive)이란 특수 접착제를 사용하는 제책 방식을 말한다. PUR 제책의 특징은 다음과 같다.

- 접착제의 유연성이 뛰어나 양면 펼침이 완벽하므로 이미지가 양면에 이어지는 편집 효과를 극대화할 수 있다.
- 종이뿐 아니라 강화 폴리에스테르 필름, UV 경화 코팅지 등에도 접착할 수 있다.
- 접착제가 극한 온도에서도 잘 견뎌, 장소와 기후에 영향받지 않고 장기간 책을 보관할 수 있다.

- 책등에 주름이 잡히는 현상을 줄일 수 있다.
- 일반 핫멜트 접착제보다 다소 비싸다.
- 두께가 두꺼워 무선철을 하면 책의 가독성과 보존성이 떨어지는 단점을 보완할 수 있다.

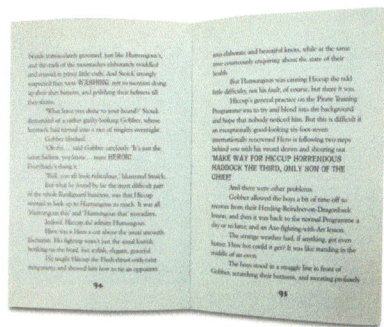

PUR 접착제를 사용한 도서

가운데매기(중철) 제책

도서, 잡지같이 부피가 크지 않은 사보, 주간지, 광고지 등과 같은 간편한 인쇄물을 매는 방식을 말한다. 한꺼번에 순서대로 표지와 본문을 철사나 미싱으로 박는 방식인데, 현장에서는 '중철'이라고 한다.

이 방식은 가장 저렴한 비용으로 인쇄물을 마무를 수 있어 널리 이용된다. 하지만 가운데매기 책은 편집·인쇄판 앉히는 방법(접지 방식)이 일반 인쇄판 앉히기와 다르므로 각별히 유의해야 한다.

중철 기계가 본문을 정합하는 과정

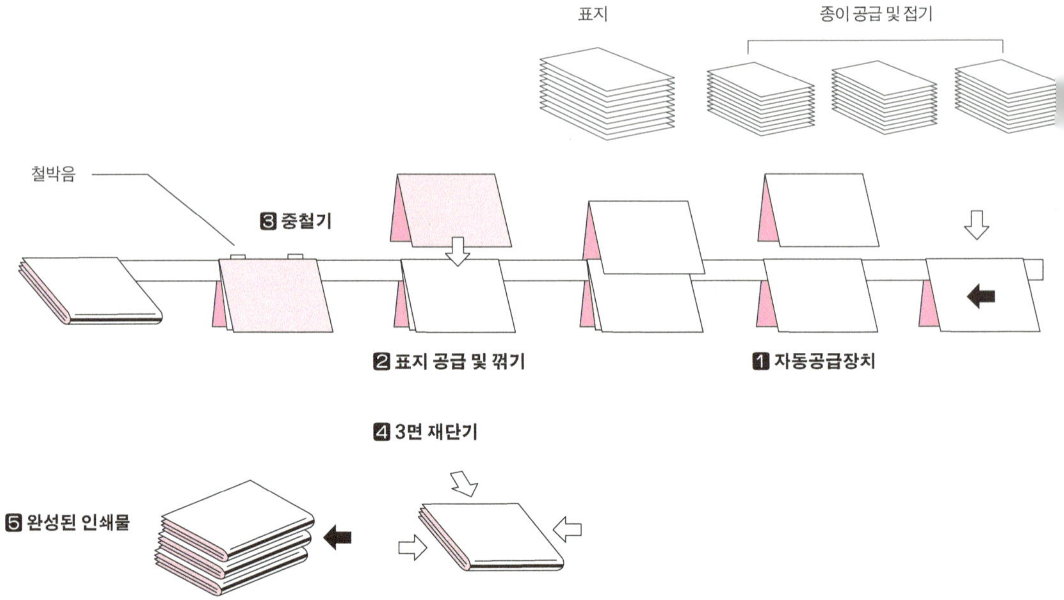

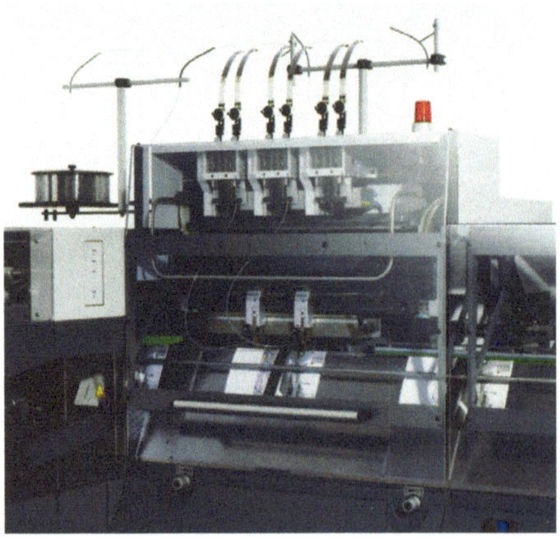

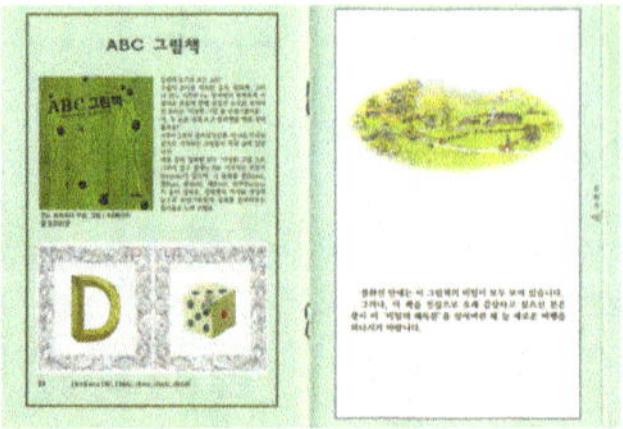

표지　　　　종이 공급 및 접기

철박음
❸ 중철기
❷ 표지 공급 및 꺾기
❶ 자동공급장치
❹ 3면 재단기
❺ 완성된 인쇄물

▲ 중철 제책으로 완성된 도서

◀ 표지와 본문 철사 박음 과정

스프링 제책

본문과 표지의 매는 쪽에 여러 개의 구멍을 가지런히 뚫어 그 구멍마다 철사를 나선 형태로 돌려 꿰는 방식이다. 공책, 사진첩, 스케치북 등에 널리 쓰인다. 트윈 링보다 가격이 저렴해 많이 사용했지만, 지금은 노트 외에 거의 사용하지 않는다.

바인더 제책

바인더에 특수장치를 붙여 공책이나 일기장, 장부, 계산서 등을 뺐다 끼웠다 할 수 있다.

PVC 링 제책

표지와 본문의 한쪽 면에 구멍을 뚫어 빗살 모양의 플라스틱이나 PVC판을 끼워넣는 방식이다. 재질이 납작해 네모난 구멍을 뚫는다. 스프링 제책이나 트윈 링 제책에 비해 책등으로 활용할 수 있는 공간이 생긴다는 장점이 있다.

트윈 링 제책

표지와 본문에 구멍을 촘촘히 뚫어 트윈 링을 구멍에 넣고 프레스로 눌러 엮는 방식이다. 튜닝 제책이라고도 하는데 '와이어 바인딩'이 정확한 용어이다. 동화책, 노트, 수첩, 달력 등에 많이 사용한다.

고주파 제책

비닐로 책의 표지를 만드는 방식이다. 사전류, 성경책, 다이어리 등 수시로 펼쳐보는 책에 많이 사용한다. 오래 사용해도 지저분함이 적고 내구성이 좋으며 구김이 없고 찢어지지 않는다는 장점이 있다.

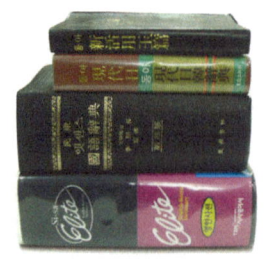

입체책(Pop-up Book)

책을 펴면, 책의 그림이 앞으로 튀어나오는 방식이다. 종이를 재료로 하는 책이 가질 수밖에 없는 평면적인 한계를 극복하기 위한 방법이다. 주로 아동도서나 카드, 그 밖의 특수용도 책에 사용한다.

합지책(보드북, 토이북)

본문과 표지를 같은 고평량 종이로 만드는 방식이다. 두꺼운 종이에 한쪽 면만 인쇄하고 인쇄되지 않은 면을 배접해 만들기 때문에 책이 두껍다. 주로 유아용 도서에 사용하며, 오래 사용해도 책이 망가지지 않는다. 단, 단가가 높기 때문에 대량 인쇄물에 적합하다.

양장 제책 과정

인쇄업체에서 인쇄물을 인수한 뒤 샘플 뽑기와 대수별 확인을 거쳐 사고나 이상이 없으면 다음과 같은 순서로 양장 제책 작업이 진행된다.

1. 대수별 추리기
2. 대수별 나눔재단
3. 접지
4. 낱장 풀넣기

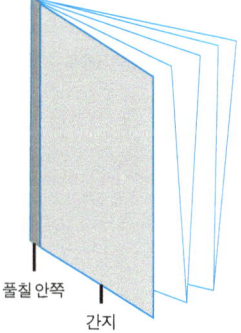

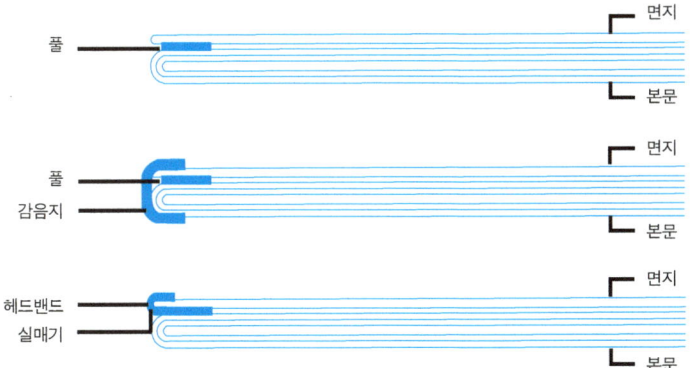

5. 접지 쪽맞추기

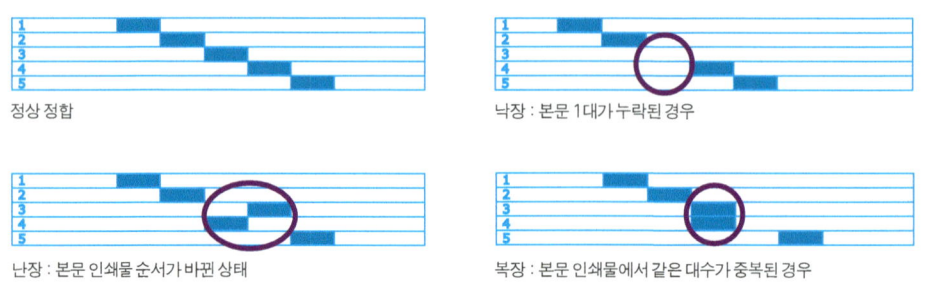

정상 정합

낙장 : 본문 1대가 누락된 경우

난장 : 본문 인쇄물 순서가 바뀐 상태

복장 : 본문 인쇄물에서 같은 대수가 중복된 경우

6. 면지 붙이기

7. 실매기

8. 고르기와 죄기

9. 아교칠과 마름재단

10. 등굴리기(환양장)

11. 등 붙이기

12. 등 굳히기와 헤드밴드 붙이기

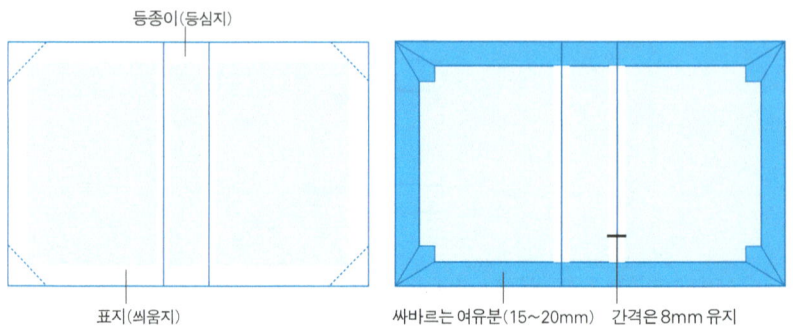

책등   가름끈 붙이기   헤드밴드 붙이기   세양사 붙이기   등종이 붙이기

13. 금분 칠하기

14. 표지 씌우기

등종이(등심지)

표지(씌움지)

싸바르는 여유분(15~20mm)   간격은 8mm 유지

표지 종이 사용시 주의사항
- 지나치게 얇거나 두꺼운 종이는 사용하지 않는다.
- 라미네이팅되지 않은 종이를 사용하는 경우 지저분해지거나 손상될 수 있다.
- 수입지를 사용하는 경우 특히 주의해야 한다.

무선 제책 과정

1. 인쇄물을 제책업체로 모은다.

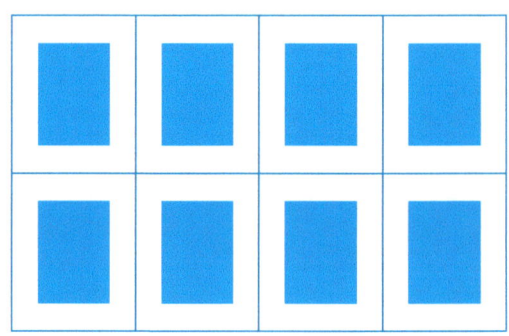

2. 인쇄된 각 대를 접지한다.

3. 각 대의 인쇄물을 모아 정합한다.

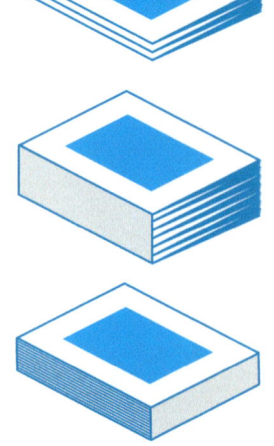

4. 인쇄물이 흐트러지지 않도록 책등에 적당한 강도로 풀칠한다.

5. 책등 쪽을 2~3mm 기계로 갈아낸다.

6. 곧바로 접착제를 바른다.

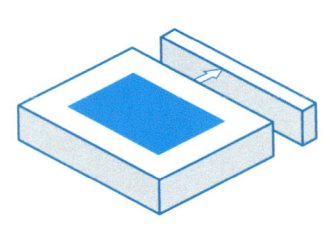

7. 날개 있는 표지를 씌우기 위해 재단 쪽을 다듬재단하고, 날개 없는 표지의 경우 표지를 씌운 다음 재단한다.

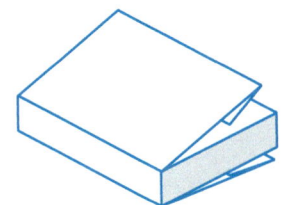

8. 표지를 씌운다.

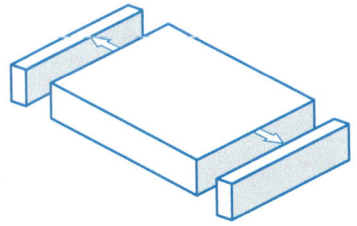

9. 표지를 씌운 후 책 아래 위쪽을 다듬재단한다.

주의사항

- 면지에 사용하는 풀과 책등에 사용하는 풀을 정확하게 사용해야 한다.
- 무선 제책에서는 풀을 가열하는 것이 무엇보다 중요하다.
- 책등이 고르지 않으면 면지와 표지가 붙는 3mm 정도의 높이가 일정하지 않다.
- 책 삼면의 재단 부분에 약간 돌출된 모양의 선이 나 있는 것은 삼면 재단에서 칼날의 이가 깨졌기 때문이다. 제책 과정에서 삼면 재단칼은 하루 평균 3~4회 교체한다.
- 코팅 불량으로 매끄럽게 재단되지 않고 표지가 터지기도 한다.

가제책

가제책의 필요성

가제책이란 원고가 들어오면 판형과 제책 방식을 정한 다음 그에 따라 본문 종이의 종류와 두께, 면지의 색상, 헤드밴드(꽃천), 가름끈(시오리) 등을 선택해 샘플북을 만드는 것이다. 가제책은 본책을 제작하기 전에 만들어보는 책이기 때문에 실제 제작 공정에서 사고 발생률을 크게 낮춰 준다.

양장 가제책 견본

가제책의 장점

- 책의 형태를 양장, 무선, 반양장 등으로 할 것인지 판단할 수 있다.
- 본문 종이(예를 들어 80미색모조, 90미색모조, 100미색모조 등)를 선택할 수 있다.
- 책등을 정확히 측정할 수 있다.
- 표지 종이와 코팅 방식을 정할 수 있다.
- 세트 출판물의 경우, 케이스 제작 관련 사항들을 체크할 수 있다.

특히 새로운 판형으로 책을 제작하는 경우에는 반드시 가제책을 하는 것이 좋다. 책의 사이즈, 무게, 두께, 손에 잡히는 느낌, 날개꺾임의 느낌, 본문 여백, 본문 레이아웃이 책등 쪽으로 쏠리는 느낌, 전반적인 가독성 등 책의 느낌을 미리 체크해볼 수 있다. 종종 레이저 프린터로 출력된 교정지를 판형에 맞게 재단해 접어보면서 레이아웃을 검토하는데, 이런 경우 가제책에 교정지를 붙여서 보는 것과는 느낌이 크게 다르다.

가제책은 제책 공정에서 아주 중요하다. 판형이나 제책 방식이 바뀌었을 때도 반드시 거쳐야 하는 과정이다. 가제책은 종이결을 판단할 수 있고 제작처와 커뮤니케이션을 할 수 있는 데다 디자이너, 편집자, 제작자, 마케터 등이 사전에 도서 형태에 대한 느낌을 인지할 수 있어 책이 출간되었을 때 만족도가 높다. 따라서 가제책은 꼭 해보는 것이 좋다.

처음 반양장 제책에서 재판 때
환양장 제책으로 변경한 사례

견본 케이스를 만들어보지 않고
제작해 실수한 경우

가제책을 위한 출판사의 협조사항

- 가제책 제작사양서(판형, 제책 방식, 본문 페이지, 종이 등)를 꼼꼼하게 작성한다.
- 표지와 본문 종이 등을 출판사가 제책업체에 제공해야 한다.
- 요구사항을 정확히 기재해야 한다. 예를 들어 판형을 정하지 못한 상태에서 145×210·153×225·153×210 판형으로 3종을 가제책해보고자 한다면 각 판형마다 80미색모조·90미색모조·100미색모조로 1종씩 요청하고, 이를 양장과 무선으로 구분하여 요청할 수도 있다.
- 제책업체에 시간적 여유를 줘야 한다.
- 본문 종이는 본인쇄에서 사용할 제지회사의 종이를 제공해야 한다.
- 부속물(헤드밴드, 가름끈 등)도 정확히 기재하여 요청해야 한다.

제책 이전에 점검해야 할 것들

대수별 인쇄량이 정확하지 않아 부족분이 발생한 경우
인쇄업체에 부족분 추가 인쇄를 곧바로 요청해야 한다. 그리고 인쇄량이 부족해서인지, 접지 과정에서 문제가 생겼는지를 확인해야 한다.

펼침면의 색이 고르지 않는 경우
문제 있는 인쇄물을 재인쇄해야 한다.

쪽수 순서가 올바르지 않는 경우
터잡기를 확인하고 재인쇄해야 한다.

쪽수, 제목 등이 제 위치에 있지 않는 경우
전체 인쇄물을 검토한 후 제책 과정의 진행 여부를 판단해야 한다.

책 판형과 표지 사이즈가 맞지 않는 경우
표지를 다시 디자인해서 재인쇄해야 한다.

책의 두께를 잘못 계산해 책등이 부족하거나 넘치는 경우
현장에서 판단해 활용하거나 다시 디자인해서 재인쇄해야 한다.

종이를 알고 접지하라. 접지 방식은 출력 또는 터잡기와 밀접하게 관련되어 있다

- 40~60g/m² : 32쪽 접지
- 80~120g/m² : 16쪽 접지
- 150~180g/m² : 8쪽 접지
- 200g/m² 이상 : 4쪽 접지
- 300g/m² 이상 : 선압(오시) 후 접지

*판형에 따라 다를 수 있음.

가능하면 인쇄물이 4쪽으로 끝나지 않도록 하라

양장 제책에서 4쪽은 사철이 되지 않으며, 무선 제책에서는 접지물(인쇄물)에 힘이 없어 제책 과정에서 표지와 본문을 연결하는 가교 역할을 못한다. 따라서 책의 견고성이 떨어지게 된다.

제책 기계의 제원을 정확히 파악하라

- 제책 기계는 표지를 펼쳐서 들어갈 수 있는 최대 사이즈가 있다.
- 제책 기계로 만들 수 있는 최대 사이즈를 확인해야 한다. 대형 그림책은 손으로 만들어야 한다. 또한 최소 사이즈도 확인해야 한다. 최소 사이즈의 경우 2벌 또는 4벌로 인쇄한 후 따로 재단해 만들고 있다.(소형 매뉴얼, 수첩 등)
- 제책 가능한 책등 최소 사이즈 : 3~4mm / 최대 사이즈 : 약 48mm

인쇄면지인 경우 각별히 주의하라

무선 또는 반양장 제책에서 인쇄면지인 경우 표지와 제대로 부착되지 않는다. 색면지는 문제가 없지만 인쇄면지는 주의해야 한다.

면지 부분 　　날개 부분

인쇄 잉크로 인해 종이가 제대로 부착되지 않은 경우

제책 감정 요령

접지 잘못인가, 인쇄 잘못인가?
본문을 넘겨보아서 짝수와 홀수 쪽이 서로 맞지 않으면 접지 또는 인쇄가 잘못된 것이다. 어느 과정에서 잘못되었는지를 확인하려면 종이에 빛을 비추어보면 된다. 앞뒤 쪽수가 서로 맞지 않으면 인쇄 잘못이다.

튼튼하게 매고 박았는가?
실매기 제책이면 빠지는 쪽수가 있는가, 박음쇠치기 제책이면 어떤 철사로 몇 군데 박았는가를 확인한다. 사류판의 경우 두 군데 이상 철사매기가 되어 있지 않으면 제책이 잘못된 것이다.

3면 재단을 제대로 했는가?
제책된 도서나 잡지는 사각이 반듯해야 하고, 전체 부수의 재단 마무리 치수 규격이 같아야 한다.

면지가 잘 붙어 있고, 풀이 흐르지 않았는가?
제책 공정 중에 면지 붙이기, 면지와 표지 사이에 풀넣기가 바로 되어 반듯이 붙어 있어야 한다. 풀이 묻어나와 잘못 붙거나 재단면에 흘러 붙으면 제책이 잘못된 것이다.

책등이 제대로 붙고, 커버는 규격대로 접혀졌는가?

책등이 제대로 붙고, 표지 글씨가 바르게 붙고, 금·은박 등이 제대로 찍히고, 종이커버나 비닐커버 등도 규격에 맞게 씌워져서 책을 열고 닫는 데 불편하지 않고, 읽고 보기에 좋아야 한다.

종이결은 올바른가?

양장책은 합지가 제 결로 쓰여야 표지붙임이 뒤틀리지 않고, 본문 종이도 제 결로 사용해야 책을 열고 닫기가 유연하며 아무런 지장이 없다.

질이 낮은 제책 재료를 사용하지 않았는가?

장정의 재료 및 금박은 여러 종류이므로 질 좋은 재료를 써야 품위 있는 제책으로 마무리할 수 있다.

부속물은 문제없이 만들어졌는가?

장정 끝마무리는 커버, 면지, 띠지, 비닐, 책갈피끈, 헤드밴드, 케이스에 따라 이루어지므로 책의 형태미와 조화미에 사고나 이상이 생기지 않도록 유의해야 한다.

양장책 점검 사항
- 완성된 책을 잡고 대각선으로 비틀어본다. 비틀어짐이 심하면 견고성이 떨어지는 것이고, 비틀어지지 않으면 책등이 잘 눌러져서 견고하게 만들어진 것이다. 그런데 제책 후 곧바로 비틀어선 안 된다. 일정한 시간이 경과한 후 점검해야 한다.
- 면지가 합지와 부착된 다음 책등 부분을 손가락으로 눌렀을 때 찢어지면 세양사(망사천)가 잘못 부착된 것이다.
- 파본 도서의 본문을 합지에서 뜯어본다. 간혹 책등에 들어가는 부속 자재를 제대로 사용하지도 않고 청구서에 기재하기 때문이다.

제책 단가표

각양장 단가표(아동물) A

수량(부수)	내용	판형별 단가(원)			
		사륙판/국판	사륙배판/12절	국배판	20절/국12절
1,000~3,000부 미만	본문 표지 가공 검책 포장	270	310	330	270
3,000~5,000부 미만		250	270	280	250
5,000부 이상		230	260	270	230

* 64쪽 미만 기준
* 기타 사항은 별도 산출 협의
* 전집 또는 대량 생산 때는 단가 협의
* 합지대는 별도 협의

각양장 단가표(아동물) B

수량(부수)	내용	판형별 단가(원)			
		사륙판/국판	사륙배판/12절	국배판	20절/국12절
1,000~3,000부 미만	본문 표지 가공 검책 포장	400	430	640	410
3,000~5,000부 미만		370	400	580	370
5,000부 이상		350	370	550	350

* 64쪽 미만 기준
* 기타 사항은 별도 산출 협의
* 전집 또는 대량 생산 때는 단가 협의
* 합지대가 포함된 단가임
* 개별 부수별로 협의해도 무방함

양장책(성인물) 단가표

수량(부수)	항목	사륙판/국판(원)	사륙배판(원)	국배판(원)
1,000~3,000부 미만 표지가공비	페이지 단가(접지대)	0.9	1	1.2
	클로스(천)	100	120	150
	인쇄지(종이)	70	100	120
3,000부 이상 표지가공비	페이지 단가(접지대)	0.8	0.9	1
	클로스(천)	80	100	120
	인쇄지(종이)	50	80	100
공통	부속대(세양사, 헤드밴드 등)	90	120	150
	검책/포장	30	40	50
	기타 부속(건당)	30	30	30

* 100쪽 미만은 100쪽으로 설정
* 면지는 16쪽으로 설정
* 기타 사항은 별도 산출(5,000부 이상은 협의)
* 계산 방식 : (본문＋면지 16＋표지 8)×접지대＋부속대＋표지가공비＋기타 비용＝단가×제작 부수＝합계
* 부수에 따라 단가가 변동될 수 있음

무선책 단가표

판형별 접지대 단가(원)			
신국판	변규격(165×225)	사륙배판	국배판
0.55~	0.7~	0.75~	0.9~

날개꺾기(오리꼬미)	30
띠지/엽서/커버 등(각각)	30
기본단가	200,000

* 100쪽 미만은 100쪽으로 설정
* 면지는 16쪽으로 설정
* 계산 방식 : (본문＋면지 16＋표지 8)×접지대＋날개꺾기＋홍보물＝단가×제작 부수＝합계

3장
종이,
아는 만큼 비용은 줄고 효과는 배가된다

출판제작에서 종이는 가장 많은 비용이 소요된다. 종이는 원고의 퀄리티를 높이는 반면 잘못 선택해 낭패를 보기도 한다. 그만큼 신중하게 골라야 한다. 원고에 적합한지, 낭비되는 부분은 없는지, 단가는 적절한지, 독자들이 만족스러워할지, 디자인에 잘 어울리는지, 경영적 부담은 없는지 등 다양한 측면에서 검토한 다음 선택해야 한다.

조성 공정

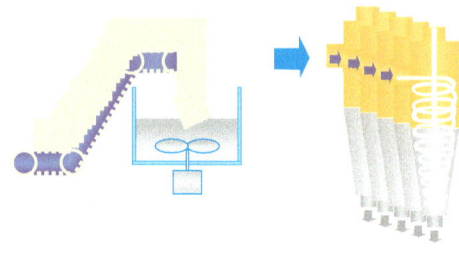

원료 공급   정선 공정

코팅 공정 ← 생산 공정   리와인더   원지 생산

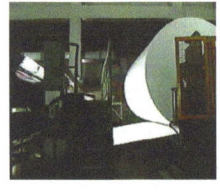

가공 공정   권취기

리와인더 → 코터   코터 → 슈퍼 캘린더

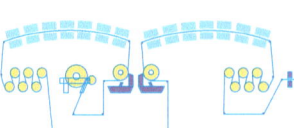

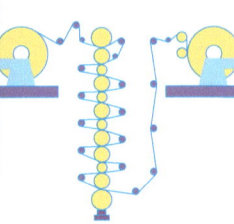

원지 풀림 → 코팅 → 원통 건조 → 권취   코팅지 풀림 → 광택 → 권취

생산 공정
지료 형성
압착 탈수
1차 건조
사이즈 프레스
2차 건조
광택기
슈퍼 캘린더 → 권취기
리와인더 → 시트지 → 롤지
완정 공정

(한솔제지 제공)

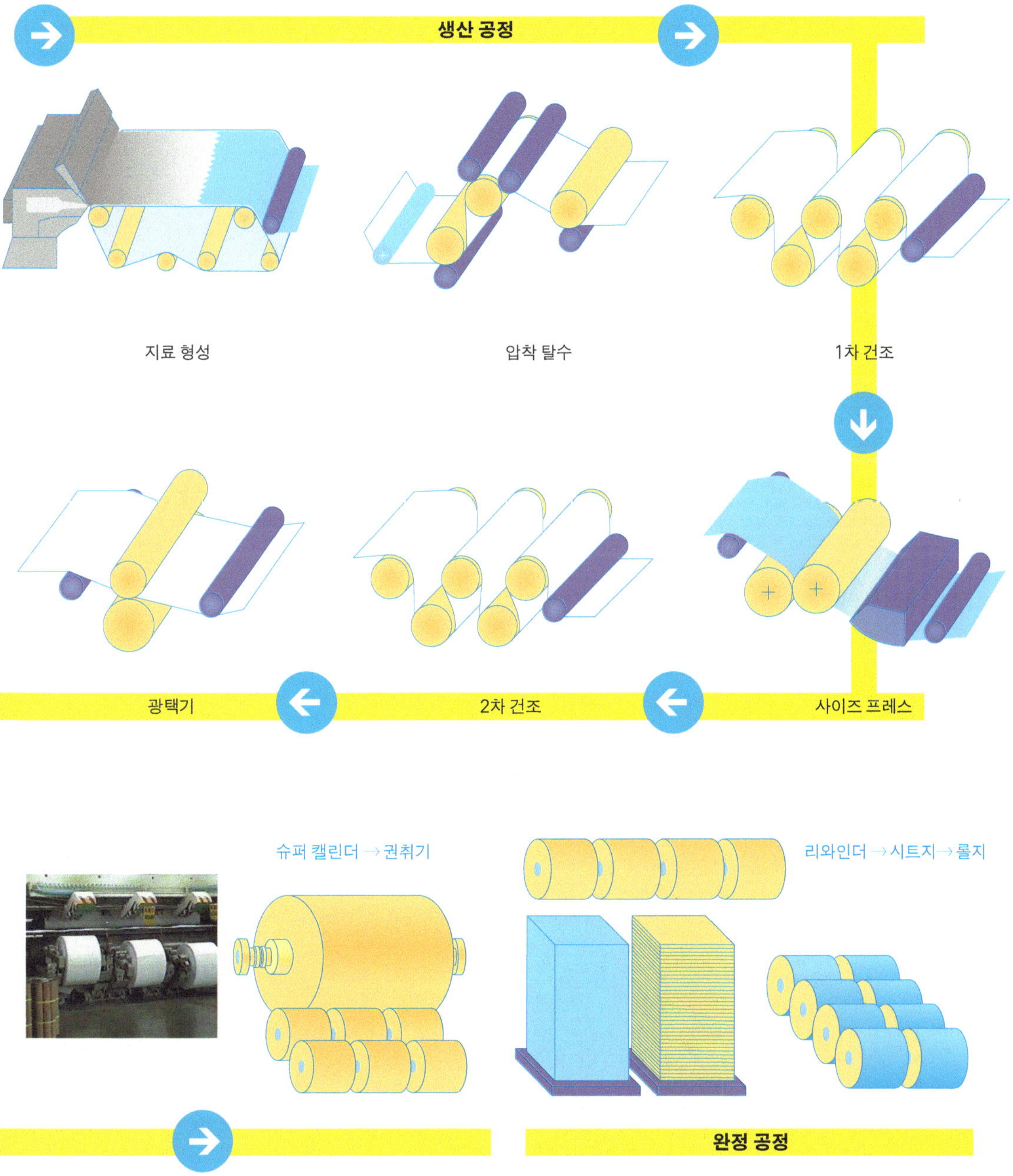

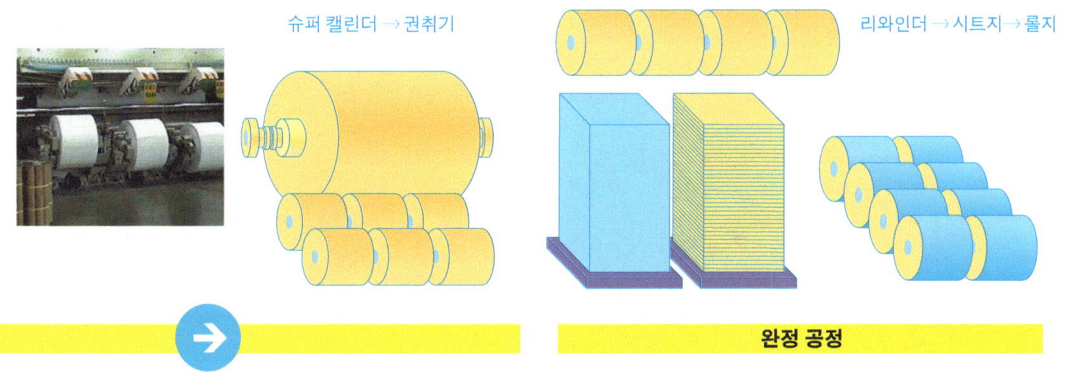

종이는 어떻게 만들어지는가

종이는 주로 펄프를 수입해 만들거나, 나무와 파지를 배합해 만든다. 종이 생산 과정을 알고 있으면 백색과 미색의 차이, 두께, 규격 등을 쉽게 이해할 수 있다. 종이는 기본적으로 펄프에 보조재를 섞어 망으로 떠 만든다.

- 펄프 제조 : 나무를 잘게 재단한 다음 섬유를 추출하여 펄프를 만든다.
- 원료 조성 : 펄프를 약품과 함께 물에 풀어 종이 원료를 준비한다.
- 초지 : 초지기로 종이를 떠어 건조한 뒤 감는다.
- 코팅 : 종이 위에 코팅액을 고르게 바른다.
- 광택 : 코팅한 종이를 다림질하여 표면에 광택을 낸다.
- 리와인더 : 커다란 종이 스풀을 고객의 요구에 따라 작게 재단한다.
- 재단 및 포장 : 생산된 제품을 용도에 맞게 재단하여 포장한다.
- 인쇄 : 고객에게 인도된 종이는 여러 용도로 인쇄되어 사용된다.

종이의 종류와 특성

종이의 종류는 다양하다. 두꺼운 것과 얇은 것, 광택이 있는 것과 없는 것, 색깔이나 표면 상태 등에 따라 여러 가지이다.

- 인쇄종이는 출판물, 팬시, 서류양식 등에 사용하는 것을 말하며 가독성, 편리성, 간편함 등을 목적으로 하고 있기 때문에 용도에 따라 다양하게 생산되고 있다. 포장종이는 선물용 포장지 등에 사용하고, 장식종이는 벽지 등에 사용하며, 판지는 박스를 제작하는 데 주로 사용한다.
- 덧칠한 종이냐, 덧칠하지 않은 종이냐가 종이 구분의 기본이다. 즉 덧칠한 종이는 아트지 등을 말하며, 덧칠하지 않은 종이는 모조지(백상지), 서적지, 신문종이 등을 말한다. 종이에 덧칠을 했느냐, 덧칠을 하지 않았느냐에 따라 출력할 때 출력선수가 달라진다는 점에 유의해야 한다.
- 두께가 얇은 종이와 두꺼운 종이로 구별한다. 종이 두께에 따라 제책에서 접지 방식이 다르며 인쇄 과정에서 비침, 배어남 등 원고 이미지를 재현하는 데 중요한 역할을 한다.
- 장정용 특수지는 표지나 면지 또는 표제지, 책커버 등에 쓰인다. 특수지는 대부분 수입지 또는 고급지를 사용하고 있는데 종이결, 코팅 방식 등 모든 제작 공정을 이해하고 있는 것이 좋다. 특수지의 경우 종종 생산이 중단되므로 미리 확인해두어야 한다.

신문종이

고속윤전 인쇄기에 쓰이는 신문인쇄지로 신문지, 무가지 등에 사용한다. 값이 저렴하고 고르며 지질이 질기다. 출력 때 출력선수는 80~100선을 사용한다.

모조지(백상지)

표면이 평활하고 백색도가 높으며, 앞면과 뒷면에 같이 인쇄해도 비치지 않을 만큼 불투명도가 높다. 읽기 쉽도록 크림색으로 마무른 것도 있다. 미색과 백색으로 구분되는데 단행본인 실용서, 인문서, 아동도서 등에 많이 사용한다. 출력 때 출력선수는 133선을 주로 사용한다. 다만 100모조나 120모조를 사용하는 경우 150선으로 출력해도 무방하다.

매트지 또는 라이언코트지

아트지와 비슷하지만, 백토를 포함하고 있어 표면 평활도가 높다. 고급 잡지의 본문이나 미술서, 화보가 있는 인문서, 어학도서 등에 사용한다. 150선으로 출력하면 된다.

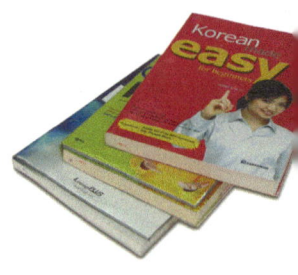

중질지

상질지와 비슷하지만, 품질은 상질지보다 조금 떨어진다. 잡지 같은 정기간행물 등에 사용한다. 모조지와 비슷한 성질을 지니고 있기 때문에 133선으로 출력하면 된다.

갱지

시험문제집, 등사판용 등에 쓰인다. 신문종이와 비슷한 성질을 지니고 있기 때문에 100선으로 출력하면 된다.

아트지

덧칠한 종이의 대표격이다. 덧칠하지 않은 일반 종이 위에 백토를 입힌 종이라고 생각하면 된다. 표면이 매끈매끈하여 미술서, 그림책, 화보, 사진집 등 원색 인쇄를 하는 데 많이 사용한다. 참고로, 아트지와 코트지는 제조 공정에서 구별된다. 초지(抄紙)와 도공(塗工)을 나눠 하는 것이 아트지, 초지와 도공을 동시에 하는 것이 코트지다. 덧칠한 양의 차이로 두 종이를 구별한다. 보통 1㎟당 20g 안팎으로 덧칠한 것을 아트지, 그 절반인 10g 안팎으로 덧칠한 것을 코트지, 다시 그 절반인 5g 안팎으로 덧칠한 것을 경량코트지라고 한다. 아트지 중에는 표면이 불변 무광인 스노지도 있다. 그 외에 아트지보다 인쇄 효과가 훨씬 뛰어난 유광 캐스트 코트지라는 종이도 있다. 출력 때 175선을 주로 사용한다.

장정용 특수지

표면의 무늬, 평활도, 유연성 등 종이에 따라 그 특색이 다르다. 그러므로 제지회사에서 만든 종이 견본을 보고 목적에 맞는 종이를 선택하면 된다. 특수지의 경우 출력선수를 200선까지 높이는 경우도 있다.

종이의 품질과 특성

인쇄용지는 인쇄를 목적으로 만들어진 종이다. 그러나 인쇄매체 등 제품에 따라 그 목적이 다르며, 모든 종이의 인쇄 품질이 같지는 않다. 따라서 인쇄하고자 하는 원고에 가장 적합한 종이를 선택해야 한다. 신문이나 상업물, 광고물 등과 달리 출판물은 대학교재, 그림책, 미술서, 경제경영서, 아동서, 요리책 등 각각의 원고 성격을 유지해야 하기 때문에 인쇄하고자 하는 내용에 맞게 적절하고 저렴한 인쇄종이를 사용하는 것이 효과적이다.

인쇄에 적합한 종이를 선택하라

종이 면의 매끄러움을 말하는 평활도, 잉크의 흡수성, 색 재현성, 종이의 강도·건조도·신축도·흡유도·보관기간에 영향을 미치는 내구성과 내수성 등에 따라 적절한 종이를 선택해야 한다.

독자가 읽기 편안한 종이를 선택하라

인쇄물은 사람이 눈으로 읽기 위해 만들어진 것이다. 따라서 인쇄물의 용도에 맞게 필요한 만큼의 가독성을 가진 종이를 선택해야 한다. 만화책에 고급지를, 요리책에 모조지를, 신문에 매트지를, 그림책에 백상지를, 미술서에 중질지를 사용한다면 독자들에게 만족스러운 정보를 제공할 수 있을까? 인쇄물에 대한 만족도가 근사치에 가장 가깝도록 종이를 선택하는 것이 무엇보다 중요하다.

인쇄 효과가 좋으면서 저렴한 종이를 선택하라

출판물 제작비 원가계산에서 가장 높은 비율을 차지하는 것이 종이값이다. 저렴한 비용으로 최고의 효과를 내려면 인쇄물의 목적과 가격에 맞게 종이를 선택해야 한다. 예를 들어 널리 보급하는 도서를 고급지로 만들거나 신문에 고급지를 사용하면 전체 비용을 고민하지 않을 수 없다.

종이에도 결이 있다

책장을 펼쳤을 때 잘 넘어가지 않거나 본문 안쪽이 우는 경우가 있다. 책 판형에 따라 종이 종류와 그에 맞는 결을 사용하지 않아서 자주 발생하는 사고이다.

종이의 성질

무게와 두께, 종이결, 수분 함량, 평활도, 불투명도 등으로 나눌 수 있는 종이의 성질은 인쇄 과정과 제책 과정에서 적지 않은 영향을 미친다.

종이의 무게를 말하는, 평량

어떤 지종(모조지 100g/㎡, 아트지 100g/㎡, 백상지 80g/㎡ 등)의 무게를 말한다. 평량은 가로 1m×세로 1m의 종이 무게를 그램(g/㎡)으로 표시한다. 또한 1연(R)=500장의 무게를 킬로그램으로 나타낸 것을 연량이라 하며 단위는 kg/R을 사용한다. 예를 들어 모조지 80g/㎡은 가로 1m×세로 1m인 모조지 한 장의 무게가 80g이라는 것이다.

종이 한 장의 높이를 말하는, 두께

단위는 마이크로미터(㎛)를 사용하며 두께를 측정할 때는 직경 16mm의 종이를 50kPa 압력 하에서 잰다. 두께를 결정하는 것은 펄프의 종류나 캘린더 기계의 압력이다.

실수하면 안 되는, 종이결

완성된 인쇄물의 품질을 좌우하는 중요한 요소이다. 종이결에는 횡목과 종목이 있는데, 종이를 직사각형으로 재단했을 때 짧은 변에 평행한 방향으로 결이 나 있는 것을 횡목, 수직 방향으로 결이 나 있는 것을 종목이라 한다. 책과 같은 인쇄물에서 종이결을 잘못 선택하면 모서리가 트거나 낱장이 말리는 현상이 나타난다. 그러므로 종목 방향으로 책이 묶이도록 적절한 결의 종이를 사용해야 한다.

종이에 함유되어 있는, 수분

수분은 종이의 신축도와 강도를 좌우하는 중요 요소이다. 수분이 높을수록 인장 강도는 낮아지며, 찢김과 열에 견디는 힘은 커진다. 또한 종이가 무거워지며, 다른 종이에 영향을 준다. 예를 들어 합지에 수분이 많으면 본문 종이가 물결치는 현상이 나타난다.

종이 표면의 매끄러운 정도를 말하는, 평활도

인쇄 적성에서 중요한 역할을 한다. 인쇄는 글과 그림을 미세한 망점으로 재현하는데, 종이의 평활도가 큰 영향을 미친다. 또한 빛의 반사량을 다르게 하여 광택에서도 차이가 난다. 출력할 때 출력선수를 어떻게 지정하느냐에 따라 종이 선택이 달라진다.

종이의 비침을 좌우하는, 불투명도

고평량 종이일수록 빛이 산란하는 빈도와 흡수되는 양이 많아져 불투명도는 높아진다. 따라서 모조지 $100g/m^2$과 스노지 $100g/m^2$일 때 다르며, 모조지 $80g/m^2$과 모조지 $100g/m^2$일 때 다르다.

종이의 두께

- 두께의 허용 오차는 약 3%이다.
- 종이의 두께는 책등과 밀접한 연관이 있으므로 정확하게 재야 한다.
- 가제책을 해보는 것이 가장 안전하다.
- 제지회사마다 조금씩 다르다.
- 생산 시기에 따라 조금씩 다를 수 있다.

종류(g/㎡)	16P 두께(㎛)	2P 두께(㎛)
80모조	0.74	0.093
100모조	0.91	0.114
120모조	1.07	0.134
150모조	1.34	0.167
180모조	1.58	0.198
67아트	0.45	0.056
74아트	0.50	0.062
80아트	0.54	0.067
100아트	0.65	0.081
120아트	0.78	0.097
150아트	0.98	0.123
180아트	1.19	0.149
100SW	0.77	0.096
120SW	0.92	0.115
150SW	1.17	0.146
180SW	1.44	0.18
DG800	8.32	1.04
DG1000	10.72	1.34
DG1200	13.12	1.64
DG1400	15.68	1.96
DG1500	16.80	2.10
DG1600	18.00	2.25

종이의 규격과 판형

편집자든 디자이너든 제작 담당자든, 종이 규격만큼은 반드시 알고 있어야 한다. 외국과 달리 우리나라는 주로 규정된 종이만 생산하기 때문에 외우기도 쉽다. 물론 국내 제지회사들이 생산하여 수출하는 종이는 규격이 다양하다.

출판물은 대부분 국전지와 사륙전지를 사용하는데 국전지를 A계열, 사륙전지를 B계열이라고 한다.

939mm×636mm(국전지 횡목)
1091mm×788mm(사륙전지 횡목)

636mm×939mm(국전지 종목)
788mm×1091mm(사륙전지 종목)

국전지

636mm×939mm 사이즈는 국전지 종목(세로결), 939mm×636mm 사이즈는 국전지 횡목(가로결)으로 구분한다.

사륙전지

788mm×1091mm 사이즈는 사륙전지 종목, 1091mm×788mm 사이즈는 사륙전지 횡목으로 구분한다.

뒤에 있는 도서는 사륙배판 정규격이고 앞에 있는 도서는 사륙배판 변형판으로 상단과 오른쪽을 줄인 판형이다. 사륙전지를 전부 사용하지 않고 일부분을 버린 경우이다.

대국전지

720mm×1020mm 사이즈를 대국전지라 한다. 주로 종목으로 생산되고 있으며, 국전지 기계의 경우 국전지는 636mm×939mm이지만, 기계 최대 사이즈가 720mm×1020mm이기 때문에 대국전지는 국전지 기계에서 인쇄할 수 있다. 이러한 사실을 모르면 사륙반절에 출력하게 되어 필름비, 인쇄판비 등을 이중으로 부담하게 될 뿐만 아니라 인쇄 시간도 두 배가 소요된다.

뒤에 있는 도서는 사륙배판 정규격이고 앞에 있는 도서는 사륙배판 변형판으로 변규격 종이를 사용해 종이를 낭비하지 않은 경우이다.

변규격

변규격은 출판사에서 시리즈 형식의 규격 외 도서를 출판하는 경우, 거래하는 지업사나 제지회사에 의뢰해 생산하는 제품을 말한다. 이를 적절히 활용하면 매우 효과적이다.

　예를 들어 신국판(153mm×225mm) 판형 도서는 본문 종이로 국전지 종목(636mm×939mm)을 사용해야 하지만, 국판(140mm×210mm) 판형 도서는 본문 종이로 변규격(600mm×900mm)을 사용하는 것이 훨씬 더 경제적이다.

주요 사용 판형

판형	명칭	크기(mm)	종이결	전지 1매의 절수(쪽수)	사용 예
A4	국배판	210×297	국전지 횡목	8절(16쪽)	여성지
A5	국판	148×210	국전지 종목	16절(32쪽)	교과서
A6	국반판	105×148	국전지 횡목	32절(64쪽)	문고본
B4	타블로이드판	254×374	사륙전지 횡목	8절(16쪽)	일요신문
B5	사륙배판	188×257	사륙전지 종목	16절(32쪽)	참고서
B6	사륙판	127×188	사륙전지 횡목	32절(64쪽)	문고본
규격 외	신국판	153×225	국전지 종목	16절(32쪽)	단행본
	크라운판	176×248	사륙전지 횡목	18절(36쪽)	사진집
	30절판	125×205	사륙전지 종목	30절(60쪽)	단행본
	36판	103×182	사륙전지 횡목	40절(80쪽)	문고본

A계열 판형 조견표

A0 841mm×1189mm	A1 594mm×841mm	A2 420mm×594mm
A3 297mm×420mm	A4 210mm×297mm	A5 148mm×210mm
A6 105mm×148mm	A7 74mm×105mm	A8 52mm×74mm
A9 37mm×52mm	A10 26mm×37mm	

B계열 판형 조견표

B0 1030mm×1456mm	B1 728mm×1030mm	B2 515mm×728mm
B3 364mm×515mm	B4 257mm×364mm	B5 182mm×257mm
B6 128mm×182mm	B7 91mm×128mm	B8 64mm×91mm
B9 46mm×64mm	B10 32mm×45mm	

판형 조견표 활용법

제작물의 크기(가로×세로)를 정한 다음, 어느 규격의 용지를 사용할지 결정한다. 용지 규격에 따른 판형 조견표에서 가로축과 세로축이 만나는 지점의 숫자가 전지 1매에 들어가는 페이지 수이다.

국전지 판형 조견표

mm	636	318	212	159	127	106	91	80	71	64
939	1	2	3	4	5	6	7	8	9	10
470	2	4	6	8	10	12	14	16	18	20
313	3	6	9	12	15	18	21	24	27	30
235	4	8	12	16	20	24	28	32	36	40
188	5	10	15	20	25	30	35	40	45	50
157	6	12	18	24	30	36	42	48	54	60
134	7	14	21	28	35	42	49	56	63	70
117	8	16	24	32	40	48	56	64	72	80
104	9	18	27	36	45	54	63	72	81	90
94	10	20	30	40	50	60	70	80	90	100

국전지 판형 조견표 활용 예시

- 책 판형이 150mm×225mm인 경우 국전지 계열의 판형 조견표를 보면 150mm에 가장 가까운 숫자가 159mm이고, 225mm에 가장 가까운 숫자는 235mm임을 확인할 수 있다. 이때 가로 쪽인 150mm에 가

까운 159mm가 636mm 라인에 있으므로 국전지 종목이 된다.(❶참조)
- 책 판형이 210mm×298mm인 경우 국전지 계열의 판형 조견표를 보면 210mm에 가장 가까운 숫자가 235mm이고, 298mm에 가까운 숫자는 318mm임을 확인할 수 있다. 이때 가로 쪽인 210mm에 가까운 235mm가 939mm 라인에 있으므로 국전지 횡목이 된다.(❷참조)

사륙전지 판형 조견표

mm	788	394	260	197	157	130	112	97	86	78
1091	1	2	3	4	5	6	7	8	9	10
545	2	4	6	8	10	12	14	16	18	20
363	3	6	9	12	15	18	21	24	27	30
272	4	8	12	16 ❶	20	24	28	32	36	40
218	5	10	15	20	25	30	35	40	45	50
181	6	12	18	24	30	36	42	48	54	60
155	7	14	21	28	35	42	49	56	63	70
136	8	16	24	32 ❷	40	48	56	64	72	80
121	9	18	27	36	45	54	63	72	81	90
109	10	20	30	40	50	60	70	80	90	100

사륙전지 판형 조견표 활용 예시

- 판형이 188mm×257mm인 경우 사륙전지 계열의 판형 조견표를 보면 188mm에 가장 가까운 숫자가 197mm이고, 257mm에 가장 가까운 숫자는 272mm임을 확인할 수 있다. 이때 가로 쪽인 188mm에 가까운 197mm가 788mm 라인에 있으므로 사륙전지 종목이 된다.(❶참조)
- 책 판형이 127mm×188mm인 경우 사륙전지 계열의 판형 조견표를 보면 127mm에 가장 가까운 숫자가 136mm이고, 188mm에 가장 가까운 숫자는 197mm임을 확인할 수 있다. 이때 가로 쪽인 127mm에

가까운 136mm가 1091mm 라인에 있으므로 사륙전지 횡목이 된다.(❷참조)

● 판형이 사륙배판(188mm×257mm)인 책의 표지 종이를 선택할 경우(74쪽 국전지 판형 조견표 ❸참조)

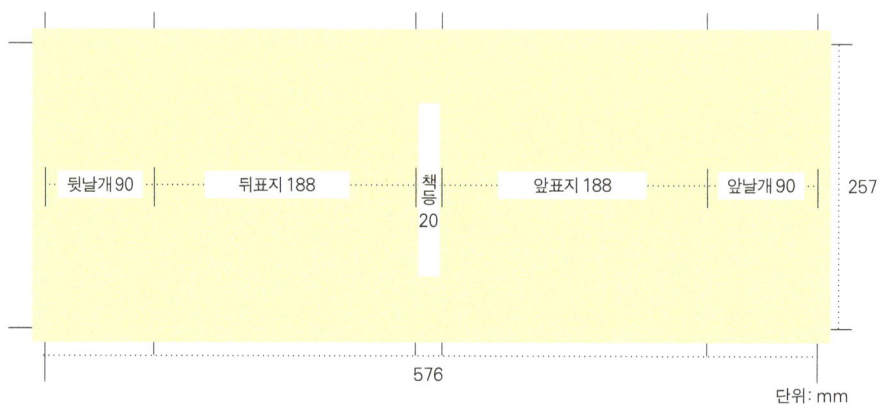

―표지 전체 사이즈가 576mm×257mm인 도서의 경우, 이때 표지 종이는 사륙전지의 경우 788mm에 가깝고, 국전지의 경우 636mm에 가깝다. 결국 표지 종이는 국전지 종목을 사용하면 되고, 국전지(636mm×939mm)에 3벌을 터잡기해 출력하면 된다.(본문은 사륙전지 종목이지만, 표지는 국전지 종목이 된다)

―판형 조견표를 이용하는 데 주의해야 할 점이 있다. 접지 방식과 인쇄 방식에 따라 여분이 주어진다는 사실을 염두에 두어야 한다. 인쇄기가 종이를 물고 들어가는 부분은 8~11mm이다. 또한 접지에서 대부분 3mm를 재단 부분으로 정하고 있기 때문에 이러한 부분들까지 포함하여 종이를 나누어야 한다.

종이 절수와 판형의 다양성

국전지가 되었든 사륙전지가 되었든 종이를 잘 활용하면 다양한 판형의 책을 만들 수 있으며, 종이를 낭비하지 않고 절감하는 요령도 생긴다. 종이 절수를 잘 내는 편집자, 디자이너, 제작 담당자는 본문 판형뿐만 아니라 도서목록, 띠지, 엽서, 포스터 등도 다양하게 만들 수 있다. 본문 종이 절수와 표지의 절수가 다르듯이, 인쇄물의 규격에 따라 절수도 달라진다.

전지 나누기

종이결

종이를 선택할 때는 반드시 종이결을 고려해야 한다. 육안으로 보면 종이에 무슨 결이 있느냐고 하겠지만, 자세히 보면 종이의 원료인 펄프가 종이결을 형성하고 있다. 이 펄프의 배열 형태에 따라 종목과 횡목으로 종이를 구분한다.

종이결을 판별하는 방법으로는 찢어보기, 꺾어보기, 물에 적셔보기, 불빛에 반사해보기 등이 있지만 일반인은 판별하기가 어렵다. 따라서 종이 구입 때 포장지에 붙어 있는 라벨을 확인하는 것이 가장 편리하고 쉬운 방법이다. 종목은 상표가 짧은 쪽에 붙어 있고, 횡목은 긴 쪽에 붙어 있다. 요즘은 라벨에 종목과 횡목을 구분하여 출시한다. 또 다른 방법은 규격 표시를 보고 구별하는 것이다. 제지회사에서는 규격을 항상 가로×세로로 나타낸다.

예를 들어 788×1091 규격은 가로 788mm, 세로 1091mm를 의미하는데, 가로규격보다 세로규격이 크면 세로결(종목)이고, 가로규격이 세로규격보다 크면 세로결(횡목)이다. 즉, 사륙전지 종목(세로결)은 788×1091로, 사륙전지 횡목(가로결)은 1091×788로 표기한다.

종이결과 관련해 유의할 점

- 127mm×188mm 사륙판에 288쪽 도서를 만들면서 본문 종이로 백상지 사륙전지 횡목을 사용하고 싶은데, 해당 종이가 생산되지 않는다

면 어떻게 해야 할까?

　독자층의 선호도와 제작비 절감, 본문 텍스트의 재현성 등에서 가장 적합한 종이가 백상지라면, 우선 사륙전지 종목으로 가제책을 해서 이상 유무를 확인해야 한다. 일반적으로 종이결을 반대로 사용하면 무선 제책은 책장 넘김이 부자연스럽다. 특히 아지노 환양장은 본문을 실로 꿰매지 않기 때문에 책등 쪽 본문이 터질 수 있으며, 무선책과 마찬가지로 책장이 넘어가지 않기 때문에 독자들이 읽기가 불편하다.

　그럼에도 꼭 종이결이 다른 종이를 사용해야겠다면 사철 환양장을 하되 백상지 중에서도 얇은 종이를 사용하는 것이 그나마 좋다.

- 표지 종이의 경우 일반적으로 사용하는 아트지 계열에서는 문제가 없지만, 종이결이 다른 수입지를 사용할 때는 책등에서 앞표지 쪽과 뒤표지 쪽에 3~5mm의 간격을 두고 선압(오시)을 주어야 표지가 자연스럽게 넘겨진다. 그러지 않으면 표지를 넘길 때 불규칙하게 구겨져 낡은 책으로 보여진다.
- 본문과 표지, 커버 등은 종이결이 아주 중요하지만 포스터나 얇은 홍보물의 경우 종이결이 절대적인 영향을 미치지는 않는다.

책의 종이결

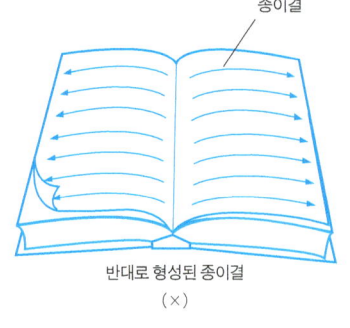

반대로 형성된 종이결
(×)

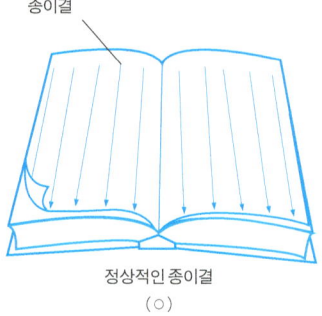

정상적인 종이결
(○)

종이결이 생기는 원리

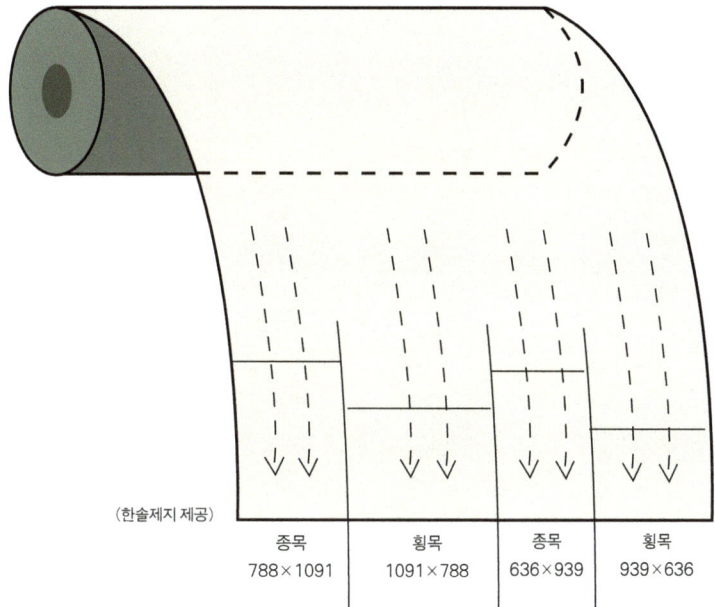

(한솔제지 제공)

종이의 거래단위와 포장단위

종이는 통상적으로 연(Ream)과 속 단위를 사용한다. 연은 종이를 거래하는 기준단위로, 1연(1R)은 500매이다. 속은 1연의 종이를 포장하는 단위를 말하며, 평량의 높고 낮음에 따라 1연을 1~5속으로 나누어 포장한다.

종이 무게에 따라 속 단위 포장을 하는 이유는 1연을 한꺼번에 포장하면 저평량지와 고평량지의 포장 두께가 서로 달라지고 $200g/m^2$ 이상의 고평량지는 무게가 100kg이 넘어서 한 번에 운반하기 힘들기 때문이다.

평량별 포장단위(인쇄종이의 경우)

평량(g/m^2)	연당 속수(덩어리)	속당 매수(장)
60~100	2	250
110~200	4	125
220~300	5	100

종이 계산법

본문 종이 계산법

신국판(153mm×225mm) 판형으로 본문 288쪽인 책을 3,000부 제작할 때 본문 종이 사용량은 다음과 같다.

- 288쪽÷16절×3,000부÷500매(1R)÷2＝54R(정미)
- 288쪽÷32쪽×3,000부÷500매(1R)＝54R(정미)

여기서 '절'은 종이 한 장에서 나오는 조각 수를 말하고, '쪽'은 종이 한 장에서 나오는 쪽수를 말한다. 일반적으로 본문 종이를 계산할 때는 '쪽'으로 계산하고 표지, 커버, 띠지 등을 계산할 때는 '절'로 사용하는 것이 좋다.

본문 종이 여분을 계산하는 공식

국배판(210mm×297mm) 272쪽 본문을 흑백으로 인쇄하는 경우 '17대(인쇄대수. 쪽수로는 1대에 16쪽)×100매(1대당)÷500＝3.4R(3R 200매)'이다. 이는 제작 부수와 상관없이 인쇄대수에 따라 여분을 주는 방식이다.

- 흑백 인쇄 : 100~150매(1대당)
- 2도 인쇄 : 약 150매(1대당)

- 컬러 인쇄 : 150～200매(1대당)
- 별색이나 까다로운 인쇄물 : 추가 여분이 필요하다.

본문 종이 여분은 정미에 일정 퍼센트를 더하는 방식으로 계산한다. 1,000부일 때 15%, 2,000부일 때 8%, 3,000부일 때 5%, 5,000부일 때 3%, 7,000부일 때 2%, 10,000부 이상일 때 1.5%를 적용하면 적당하다. 여분은 가급적이면 여유 있게 계산하는 것이 좋다.

표지 종이 계산법

사륙배판(188mm×257mm) 표지 종이 사용량을 계산하는 경우

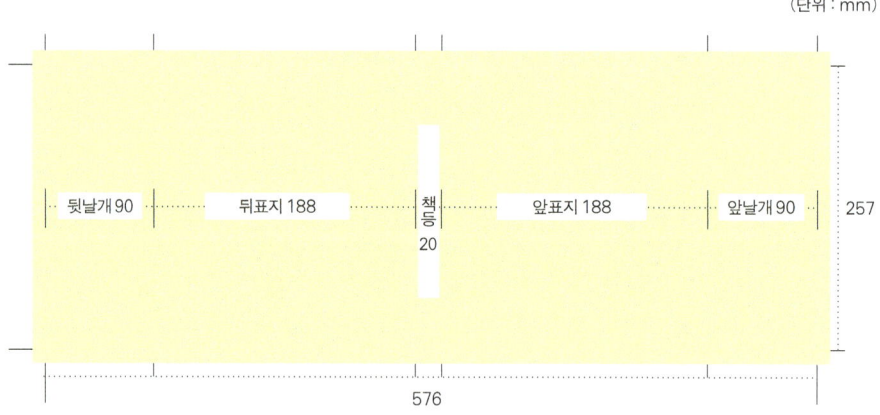

576mm×257mm는 국전지 종목에 3벌을 출력해 인쇄하게 된다. 즉 국3절이라고 표현하는데, 이때 표지 종이를 계산하는 방법은 다음과 같다.(3,000부를 제작하는 경우.)

- 3,000부÷3절÷500(1R)＝2R

표지 종이 여분을 계산하는 공식

인쇄 과정에서는 색상을 조절하기 위해, 제책 과정에서는 판형을 맞추는 기계 세팅을 위해, 코팅 과정에서는 규격과 코팅지의 이상 유무를 점검하기 위해 여분을 제공한다.

- 150~200매의 여분이 필요하다. (3,000부 기준)
- 표지 종이 계산법 : 〔(3,000부÷3절)+150매〕÷500=2.3R(여분 포함)
- 별색, 코팅, 금박, 에폭시 등 후가공이 많은 경우 : 공정 횟수마다 추가 여분이 필요하다.

제작 부수에 따른 정미가 있고 색상과 앞뒤 인쇄 농도, 가늠표(+자 표시)의 일치(4도 인쇄의 경우) 등을 점검하기 위해 여분의 종이를 추가해야 한다. 이때 부수별로 조금씩 차이가 있다.

연당 Kg(연량) 계산하는 법

평량(g/m^2)×가로(mm)×세로(mm)×500매=연당 kg
예를 들면 다음과 같다.

- 백상지 70g/m^2 880mm×590mm의 경우
  0.07×0.88×0.59×500=18.17kg/연

합지 사이즈 계산법

양장본 제작시 표지 커버 안쪽에 사용되는 두꺼운 종이를 합지라 한다.

- 가로 사이즈 = (책 가로 사이즈(mm)-3mm)×2 + 10mm
  *각양장의 경우 책등 가로 사이즈 추가

- 세로 사이즈 = (책 세로 사이즈(mm) + 7mm)
- 사방으로 여분 15mm씩 추가
- 도서 사이즈가 210×297mm일 경우,
  합지의 가로 사이즈는 (210-3)×2+10=424mm,
  세로 사이즈는 297+7=304mm가 된다.
  여기에 사방으로 여분 15mm를 추가하면,
  210×297 사이즈 좌철 도서의
    − 환양장 합지 사이즈는 454mm×334mm
    − 각양장(책등 사이즈 20mm일 경우)의 합지 사이즈는 474mm×334mm
- 판형 조견표 등을 참조해서 국전지 계열과 46전지 계열 또는 변규격 사이즈에 나오는 절수를 확인해서 부수÷절수÷500=정미를 발주할 수 있다.

종이에 따라 달라지는 표지 출력 방식

종이 종류	내용	날개 유무
국전지 (636mm×939mm)	사륙배판은 국전지에 3벌(종목)	날개 있는 경우
	사륙배판은 국전지에 4벌(횡목)	날개 없는 경우
	사륙판은 국전지에 6벌(횡목)	날개 있는 경우
	사륙판은 국전지에 8벌(종목)	날개 없는 경우
	국배판은 4벌(횡목)	날개 없는 경우
사륙전지 (788mm×1091mm)	신국판 또는 국판은 6벌 (사륙2절에 3벌, 횡목)	날개 있는 경우
	신국판 또는 국판은 8벌 (사륙2절에 4벌, 종목)	날개 없는 경우

사륙2절에 터잡기한 신국판 표지(양장책 표지 또는 날개 없는 무선책 표지)

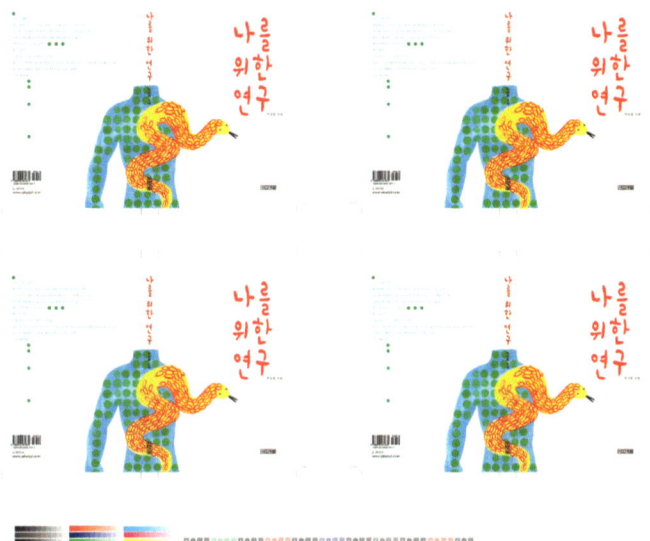

사륙2절에 터잡기한 신국판 표지(양장책 커버 또는 날개 있는 무선책 표지)

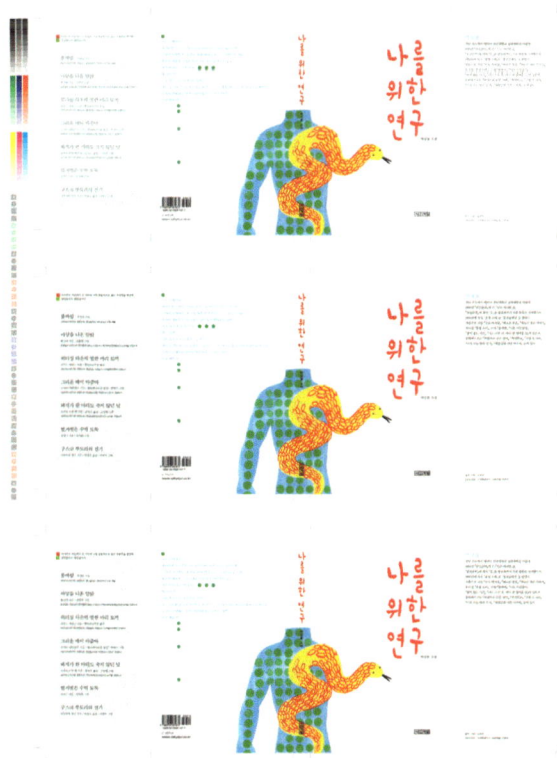

종이 절감 사례

- 기존 도서는 사륙변형판으로 스노지 100g/m² 사륙전지(788mm×1091mm)를 본문 종이로 사용했으며, 변경된 도서는 기존의 본문 필름을 그대로 사용하면서 본문 종이로 모조지 120g/m² 대국전지(720mm×1020mm)를 사용했다. 판형과 본문 종이를 변경하면서 정가, 두께, 제품의 질 등이 좋아진 사례이다.

기존 도서

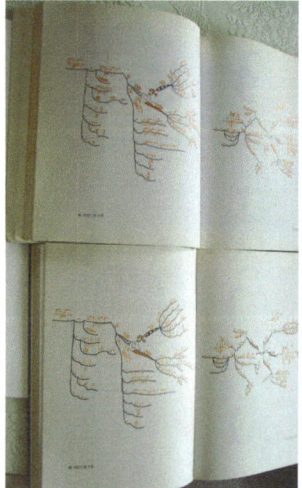

변경된 도서

- 종이를 절감하기 위해 편집배열표 ②를 편집배열표 ①로 변경한 사례이다. 본문 종이를 면지로 활용함으로써 면지를 별도로 발주하지 않았으며, 면지는 한 장으로 구성되어 있다.

보통 면지는 2장 4쪽으로 구성되지만, 이 책은 본문 종이를 활용해 면지를 1장 2쪽으로 만들었다.

LONG LONG TIME AGO (개정판)

한림출판사 영문팀

편집배열표 ①

	앞표지	뒷표지	앞날개	뒷날개	면지(앞1)	면지(앞2)	면지(뒤1)	면지(뒤2)	재킷			
	O	O	O	O	제목	제목	제목	제목	없음			
1대	1	2	3	4	5	6	7	8	9	10	11	12
	색면지	색면지	책 도비라	백	속도비라	판 권	머리말	목 차		백	본문시작	
2대	13	14	15	16	17	18	19	20	21	22	23	24
3대	25	26	27	28	29	30	31	32	33	34	35	36
4대	37	38	39	40	41	42	43	44	45	46	47	48
5대	49	50	51	52	53	54	55	56	57	58	59	60
6대	61	62	63	64	65	66	67	68	69	70	71	72
7대	73	74	75	76	77	78	79	80	81	82	83	84
8대	85	86	87	88	89	90	91	92	93	94	95	96
9대	97	98	99	100	101	102	103	104	105	106	107	108
10대	109	110	111	112	113	114	115	116	117	118	119	120
11대	121	122	123	124	125	126	127	128	129	130	131	132
									본문끝	백	색면지	색면지

<< 제작사양 >>

	본 문	표 지	제물면지(앞)	제물면지(뒤)
인쇄도수	4 + 4	4 + 0	4 + 4	4 + 4
규 격	215 x 200 mm	597 x 200 mm	본문과 동일	본문과 동일
출력선수	175선	175선	175선	175선
터 잡 기	머리맞추기			
교 정	x	O	x	x
용 지	스노우화이트지 120g 국전 횡목 12절	스노우화이트 250g 국전 횡목 2절	스노우화이트 120g	스노우화이트 120g
접 지	12p	2판 걸이		
분 량	132p (면지 포함)	2p	2p	2p
제 책	아지노무선			
특기사항	표지 에폭시 (소 그림 + 제목)			

LONG LONG TIME AGO (개정판)

한림출판사 영문팀

편집배열표 ②

	앞표지	뒷표지	앞날개	뒷날개	면지(앞1)	면지(앞2)	면지(앞3)	면지(앞4)	면지(뒤1)	면지(뒤2)	면지(뒤3)	면지(뒤4)
	O	O	O	O	개별	개별	개별	개별	제물	제물	제물	제물
1대	1	2	3	4	5	6	7	8	9	10	11	12
	책 도비라	백	속도비라	판 권	머리말	목 차		백	본문시작			
2대	13	14	15	16	17	18	19	20	21	22	23	24
3대	25	26	27	28	29	30	31	32	33	34	35	36
4대	37	38	39	40	41	42	43	44	45	46	47	48
5대	49	50	51	52	53	54	55	56	57	58	59	60
6대	61	62	63	64	65	66	67	68	69	70	71	72
7대	73	74	75	76	77	78	79	80	81	82	83	84
8대	85	86	87	88	89	90	91	92	93	94	95	96
9대	97	98	99	100	101	102	103	104	105	106	107	108
10대	109	110	111	112	113	114	115	116	117	118	119	120
11대	121	122	123	124	125	126	127	128	129	130	131	132
						본문끝	백	백면지	색면지	색면지	백면지	

<< 제작사양 >>

	본 문	표 지	개별 면지	제물 면지
인쇄도수	4 + 4	4 + 0	4 + 4	4 + 4
규 격	215 x 200 mm	600 x 200 mm	본문과 동일	본문과 동일
출력선수	175선	175선	175선	175선
터 잡 기	머리맞추기			
교 정	x	O	x	x
용 지	스노우화이트지 120g 국전 횡목 12절	스노우화이트 250g 국전 횡목 2절	스노우화이트 120g	스노우화이트 120g
접 지	12p	2판 걸이		
분 량	132p	2p	4p	4p
제 책	아지노무선			
특기사항	표지 에폭시 (소 그림 + 제목)			

제지회사, 합지회사, 지업사

제지회사 및 합지회사

- 한솔제지 : 백상지류, 아트지류, 정보지류, 판지류, 팬시지, 감압지, 감열지, 코팅지
- 무림 : 아트지, 백상지, 판지류, 코팅지
- 한국제지 : 아트지, 백상지, 백상정보용지, 특수지, 가공특수지, 코팅지
- 홍원제지 : 아트지, 백상지, 복사용지, 컴퓨터용지, 도화지, 코팅지
- 한솔아트원제지 : 신문용지, 고급서적지, 이라이트지, 만화용지, 전화번호부용지, 중질만화용지
- 삼화제지 : 팬시지
- 두성종이 : 수입지 전문업체
- 원방드라이보드 : 합지

지업사

- 신승지류 : 서울시 중구 오장동 101-3(전화 02-2270-4900)
- 이화지업 : 서울 마포구 용강동 117-4(전화 02-718-6060)
- 화인페이퍼 : 서울 마포구 연남동 566-11번지(전화 02-3275-0526)
- 두성종이 : 서울 서초구 서초동 1641-6(전화 02-3470-0001)
- 대림지업 : 경기도 고양시 일산구 백석동 1323 동문굿모닝1차 319호(전화 031-909-0025)
- 세종페이퍼 : 서울 마포구 성산동 649-4, 5층(전화 02-335-3584)
- 한솔 PNS : 서울 중구 충무로4가 126-1 일흥빌딩 5층(전화 02-772-5100)

4장
스캔,
책이 확 달라진다

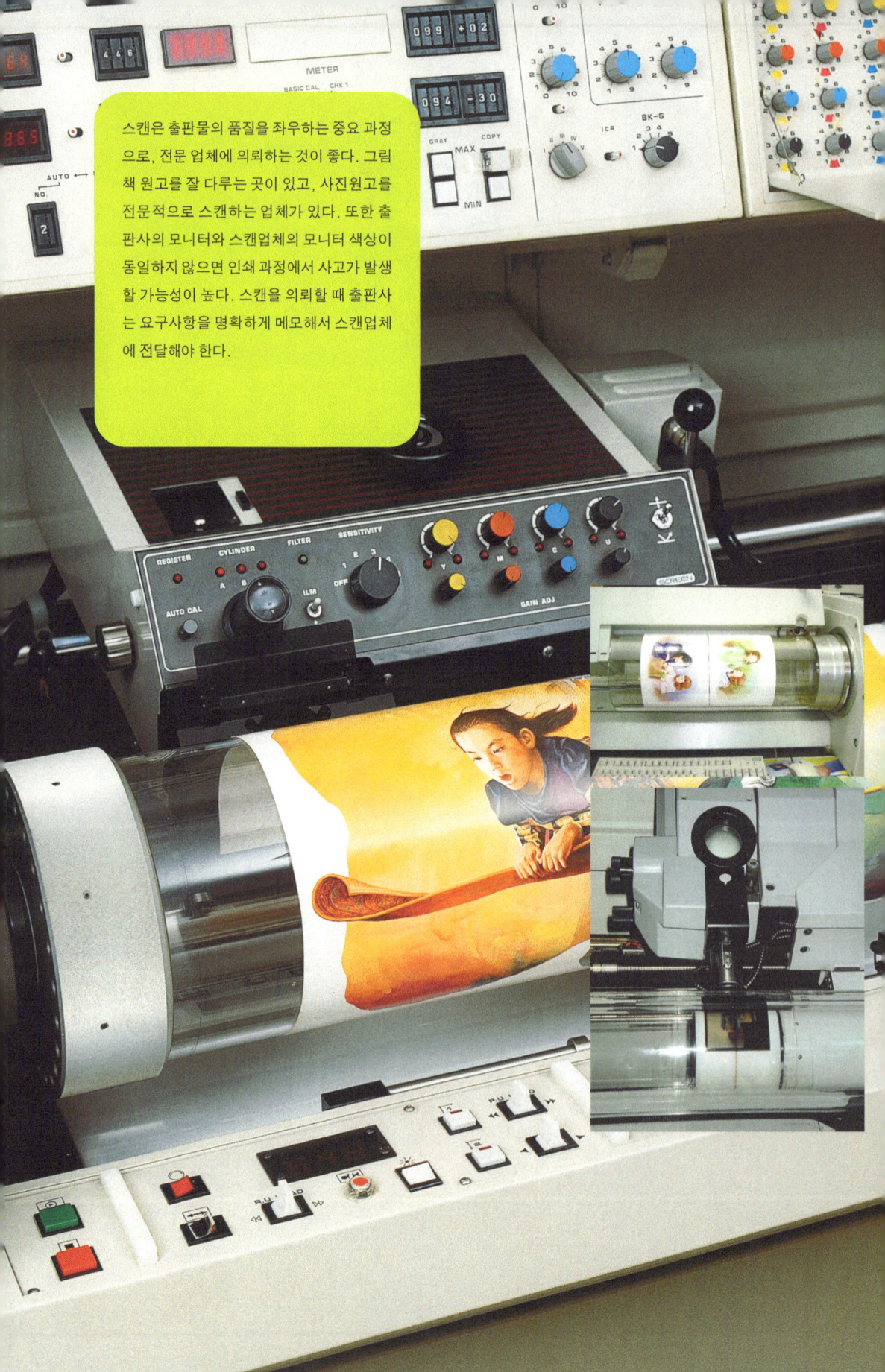

스캔은 출판물의 품질을 좌우하는 중요 과정으로, 전문 업체에 의뢰하는 것이 좋다. 그림책 원고를 잘 다루는 곳이 있고, 사진원고를 전문적으로 스캔하는 업체가 있다. 또한 출판사의 모니터와 스캔업체의 모니터 색상이 동일하지 않으면 인쇄 과정에서 사고가 발생할 가능성이 높다. 스캔을 의뢰할 때 출판사는 요구사항을 명확하게 메모해서 스캔업체에 전달해야 한다.

스캐너의 종류

인쇄물 원고로 사용하기 위해 사진, 그림 등 아날로그 데이터를 디지털 데이터로 변환하는 작업이 스캔이다. 그런데 스캐너나 스캔 담당자보다 더 중요하고 가장 필수적인 요소는 원고(그림, 사진 등)가 좋아야 한다는 점이다.

평면 스캐너

평면 스캐너는 복사기의 상부와 같은 구조로, 평평한 유리판에 놓인 원고를 CCD(Charge Coupled Device, 전하결합소자)의 빛으로 읽어 들인다. 평판 스캐너는 다음과 같은 특성이 있다.

- 드럼 스캐너보다 값이 저렴하고 조작이 간편하다.
- 보급형 스캐너는 인쇄물 원고로 만들기에 부적합한 경우가 많으므로 전문 업체에서 사용하는 평면 스캐너를 사용해야 한다.
- 평면 스캐너는 빛을 이용하기 때문에 망점을 세밀하게 표현해내지 못한다.
- 도판이 찌그러지거나 휘어지는 현상이 나타난다.

드럼 스캐너
(삼성문화인쇄·한국커뮤니케이션 제공)

평면 스캐너

- 출판사에서 사용하는 평면 스캐너는 도서목록용 표지, 홍보물, 잡지 및 신문 광고 등을 만드는 경우에 활용하는 것이 좋다.
- 책에 수록된 원고를 뜯지 않고 평면 스캐너로 스캔하면 책의 두께로 인해 빛이 들어간다. 때문에 출판사에서 스캔하는 것보다 전문 업체에서 스캔하는 것이 더 안전하다.

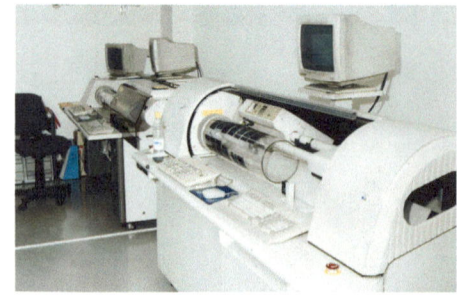

슬라이드 필름을 분해하는 모습(삼성문화인쇄 제공)

드럼 스캐너

스캔업체가 스캐너를 구입하는 용도를 생각하면 당연히 드럼 스캐너를 선택해야 한다. 그리고 다양한 종류의 원고에 대응할 수 있어야 한다. 드럼 스캐너는 원고를 색분해 해서 곧바로 CMYK로 출력할 수 있고 인쇄에 적합한 여러 가지 셋업 처리도 가능하다. 드럼 스캐너는 포토 멀티플라이어 튜브(PMT, Photo Multiplier Tubes)를 사용하는데, 즉 레이저를 이용해 원고를 읽어낸다. 드럼 스캐너의 특성을 살펴보면 다음과 같다.

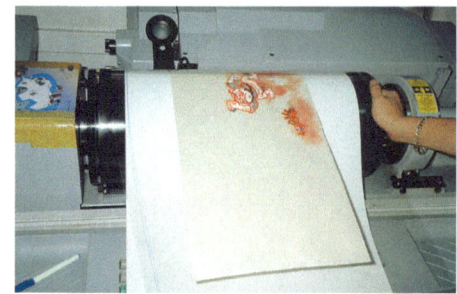

반사원고를 분해하는 모습(한국커뮤니케이션 제공)

- 이미지 원고를 재현하는 최상의 기술이다.
- 평면 스캐너보다 비싸고 전문적인 지식과 기술이 필요하다.
- 전문 출력 및 스캔업체와 대형 인쇄업체에서만 가능하다.
- 이미지에 레이저 빛이 반사되는 양을 측정하며 세밀하게 읽어내기 때문에 높은 해상도로 조절 가능하다.

색상을 조절하는 디스플레이

슬라이드 원고의 세팅 과정

- 이미지 원고의 정교한 부분까지 읽어낸다.

드럼 스캐너의 입력 원리
- 원통 모양의 드럼에 원고를 장착하여 일정한 속도로 회전시킨다.
- 원고의 입력부는 조명광(할로겐 램프)을 주어서 광전자 증배관으로 광량을 측정한다.
- 드럼의 1회전으로 주주사 방향의 입력이 완료된다. 이어 할로겐 램프와 광전자 증배관을 탑재한 헤드를 부주사 방향으로 한 화소분씩 이동 주사한다.
- 컬러 원고는 반사원고의 반사광 또는 투과원고의 투과광을 다이크로익 미러(dichroic mirror)라고 하는 색분해용 특수 거울을 사용해 RGB 3색으로 분해한 다음 광전자 증배관으로 RGB 데이터를 입력한다. 경우에 따라 다이크로익 미러를 사용하지 않고 RGB 3색의 컬러 필터를 광전자 증배관 앞에 두어 RGB 순서로 입력되기도 한다.

디지털 카메라

현재 대세를 이루고 있는 것이 디지털 카메라이다. 특히 인문서와 미술서를 비롯해 요리책까지도 디지털 카메라로 촬영한 이미지를 사용하고 있다. 디지털 카메라는 필름과 스캔 과정을 거치지 않고 곧바로 디지털 이미지를 입력할 수 있는 기계로, 다음과 같은 사항에 유의해야 한다.

- 인쇄물 원고로 사용할 경우에는 화소수가 높은 전문가용 디지털 카메라로 촬영해야 한다.
- 디지털 카메라로 이미지를 촬영하는 경우 해상도를 높게 설정해야 한다.
- 실제로 모 출판사에서 요리책을 출간하기 위해 직접 만든 요리를 디지

털 카메라로 촬영해 색 재현성이 문제되자 다시 요리를 만들어 수동 카메라로 촬영한 적이 있다. 아직도 전문가들은 디지털 카메라보다 수동 카메라를 선호하는 경향이 있다.

- 디지털 카메라로 촬영한 이미지 원고가 들어왔을 경우 인쇄 과정에서 일어날 수 있는 문제점을 정확히 인지하고 사용해야 한다. 디지털 이미지의 RGB 컬러가 인쇄 때 CMYK로 변환되는 경우 프로파일(Profile)에 의해 이미지의 채도, 명도, 디테일 등이 좌우된다. 따라서 RGB 이미지를 CMYK로 변환할 때는 모니터 캘리브레이션(calibration, 교정)이 되어 있는 환경에서 변환한 후 이미지를 보정해주는 것이 좋다.

디지털 카메라는 화질의 우수성에 따라 스튜디오 카메라, 필드 카메라, 보급형 카메라로 구분한다.

- 스튜디오 카메라는 가장 좋은 해상도를 지원하며 가격이 무척 비싸다. 또한 이미지를 별도 저장하는 장치를 갖고 있다.
- 필드 카메라는 카메라 내부에 이미지를 저장할 수 있으며, 화질은 약한 편이다.
- 보급형 카메라는 가격이 가장 저렴하며, 화질이 낮기 때문에 주로 단순한 디지털 이미지를 촬영하는 데 사용한다.
- 화소수만으로 이미지의 해상도가 결정되지는 않는다. 카메라 렌즈에 따라 해상도가 달라지기도 한다. 만약 화소수가 낮은 이미지를 크게 사용해야 한다면 최대 크기로 인화한 후 스캔하는 방법도 있다.

원고 형태에 따른 스캔

스캔 원고는 문자원고, 사진원고(슬라이드, 인화지 인쇄물), 그림원고 등 다양한 형태가 있다. 이러한 원고 형태에 따라 반사분해와 슬라이드 분해로 구분하여 처리한다.

- 반사분해는 인쇄물이나 인화지 원고를 반사되는 빛의 양으로 분해하기 때문에 붙여진 이름이다.
- 슬라이드 분해는 투과원고라고도 하는데, 빛이 투과되며 읽히는 빛의 양으로 분해하기 때문에 붙여진 이름이다. 즉 사진을 촬영한 슬라이드 필름을 분판하는 것을 말한다.

문자원고의 스캔

옛 글씨나 붓글씨 등 먹으로 쓰여진 문자원고를 인쇄원고로 사용하기 위해 스캔할 때는 1도 분판을 해야 한다. 간혹 먹글씨를 4도로 분판하여 인쇄 과정에서 먹이 아닌 4색으로 재현되기 때문이다. 또한 스캔 과정에서 글씨가 깨지지 않도록 주의해야 한다.

사진원고의 스캔

사진원고는 슬라이드 원고와 인화지, 인쇄물 원고 등으로 구분된다. 이들 원고 모두 인쇄 방식에 따라 1도 또는 4도로 분판하면 된다.

그림원고의 스캔

그림원고는 그림을 그린 방식에 따라 수채화, 펜화, 파스텔화, 형광색이 배합된 그림 등이 있으며 엠보싱지, 한지, 미색지 등 종이에 따라 스캔할 때 주의해야 한다. 예를 들어 그림작가가 형광물감으로 그림을 그려왔다면 스캔 과정에서는 형광색을 재현해내지 못한다. 이런 경우 대부분 인쇄 과정에서 형광 잉크를 배합하면 된다고 생각하지만 그렇지 않다. 스캔 과정에서 일반 잉크와 형광 잉크의 배합을 고려하면 인쇄 과정에서 색 재현성이 더 좋아진다.

- 출판사에서는 시리즈 도서의 본문을 모두 모조지로 인쇄하고 있는데, 그림작가가 형광물감으로 그림을 그려왔다면 어떻게 해야 할까? 모조지에서 형광색은 아트지보다 색 재현성이 크게 떨어진다. 이런 경우 본문 종이를 교체해 인쇄하는 것이 가장 이상적이지만, 그럴 수 없다면 형광색을 포기하고 인쇄해야 한다.
- 그림에 살아 있는 형광색을 재현하려면 스캔 과정에서 형광 잉크와 일반 잉크의 배합을 고려하여 스캔해야 한다. 즉 스캔 담당자가 설정한 잉크 비율 데이터 값을 중심으로 인쇄교정지를 출력해 인쇄업체에 전달해야 한다. 이때 인쇄업체는 초기 인쇄에서 스캔 담당자가 설정한 값을 중심으로 잉크를 배합하면 원활하게 작업을 진행할 수 있다.
- 그림작가가 어떤 형태로 그림을 그려오느냐에 따라 스캔 과정에서 신중히 결정해야 한다. 특히 종이 선택에서 신중해야 한다. 스캔 담당자가 인쇄하려는 종이를 모르고 스캔하는 경우, 인쇄 과정에서 그림작가가 의도한 색 재현성이 떨어지기 때문이다. 예를 들어 출판사에서는 백색모조지로 인쇄하고자 하는데 그림작가는 미색지에 그림을 그려왔다고 하자. 그러면 그림원고를 스캔할 때 미색 이미지가 그대로 재현되어 백색모조지에 미색이 보이거나, 미색을 백색으로 변환한 경

우 농도가 낮은 노란색이 재현되지 않는다.
- 그림작가의 그림을 스캔하는 과정에서 본문 종이가 백색인데 미색지가 생산되지 않아 미색을 연하게 인쇄하고자 하는 경우 대부분 미색을 인쇄하고 4색을 인쇄한다. 그런데 Y판에 원하는 미색 농도를 지정해 스캔하고 편집 과정에서 조절해주면 4도 필름 출력이 가능하다.
- 그림작가가 한지에 그림을 그려왔다면 어떻게 해야 할까? 한지에 그림을 그릴 경우 쭈글쭈글해지게 마련이다. 이때 한지를 그대로 드럼 스캐너에 부착해 스캔하는 경우 틈새 부분은 이미지 재현성이 떨어지기 때문에 다른 종이에 부착(배접)해 평평하게 한 다음 스캔하면 이미지 재현성이 높아진다.(배접 가능 여부는 의뢰자가 결정해야 한다)
- 그림을 그릴 때는 가급적 형광물감을 피하고, 너무 두꺼운 종이나 얇은 종이를 사용하지 않는 것이 좋다. 종이가 너무 두꺼우면 드럼에 원고를 고정시키기 어렵고, 너무 얇으면 물감으로 인해 종이가 울퉁불퉁해져 스캔 때 제대로 밀착되지 않는다.

특수 이미지의 스캔

그래프, 도표, 모형 등은 스캔을 하기보다 다시 그리는 것이 낫다. 대학 교재 등을 보면 다른 책의 그래프, 도표 등을 스캔해 사용하고 있는데, 이미지가 선명하지 않고 망점도 고르지 않다. 특히 그래프의 선을 보면 고르지가 않다.

스캐너의 제원

반사분해의 최대 사이즈는 약 480mm×680mm이며, 슬라이드 분해는 480mm×320mm이다. 이는 곧 원고를 받아들일 수 있는 사이즈를 일컫는다.

따라서 그림작가가 그림을 그려오기 전에 미리 스캐너 사이즈를 언급해두는 것이 좋다. 그림작가는 스캐너 사이즈에 신경 쓰지 않기 때문에 아주 큰 종이에 그림을 그리는 경우도 있다.

실제로 국내에서 유명한 그림작가가 그림을 그려 출판사에 보냈는데 문제가 발생했다. 스캔 담당자가 그림이 너무 크기 때문에 잘라서 스캔을 해야 한다고 말하자 편집자는 그림작가와 상의도 하지 않고 그렇게 하라고 동의해버린 것이다.

이런 경우 가장 안전하고 이상적인 방법은 슬라이드로 촬영해 스캔하는 것이다. 요즘은 디지털 이미지가 빠른 속도로 업그레이드되고 있어 그림이 큰 경우를 고려하고 있어야 한다. 하지만 어떤 경우라도 작가의 작품을 훼손해서는 안 된다.

스캔 때의 주의사항

- 그림이나 사진원고는 CMYK로 작업해야 한다. RGB로 저장하면 안 된다. RGB로 작업하면 출력 과정에서 먹으로 출력된다.
- 이미지 파일을 EPS 또는 JPG로 저장하는데, 이때 이미지 파일 해상도는 300~350dpi(pixel/inch)가 되어야 한다. JPG이미지는 EPS로 변환할 경우 해상도를 반드시 체크해야 한다.
- 편집 과정에서 이미지를 사용할 때 100%의 데이터가 좋지만, 부득이하게 축소하거나 확대해야 하는 경우도 있다. 이때 이미지를 최소 20%에서 최대 20% 이상 확대하거나 축소하지 말아야 한다. 일부 50%까지 확대·축소해도 문제가 없다고 하지만 과도하게 축소하면 망점이 뭉쳐지고, 지나치게 확대하면 망점이 퍼져 인쇄 과정에서 원래의 이미지를 재현하지 못한다. 이를테면 이미지를 과도하게 축소하면 어두워 보인다.
- 모니터 색상을 수시로 보정해야 한다. 출판사 디자이너의 모니터와 스캔업체의 모니터 색상이 동일해야 한다. 스캔업체의 모니터와 출판사의 모니터 색상이 달라서 사고가 발생하는 예로, 스캔업체에서는 이미지를 정상적으로 스캔했지만 출판사에서 데이터를 받아보니 붉은색이 너무 높게 나타나는 경우를 들 수 있다. 이때 출판사의 디자이너는 자신의 컴퓨터에서 붉은색을 낮추게 되고, 그 결과 인쇄 과정에서 붉은색이 정상적으로 재현되지 않는다. 이는 스캔 과정의 잘못이

아니라 디자이너가 데이터를 조작함으로써 발생하는 문제이다. 이미지를 보정하기 전에 교정지를 출력해보는 것도 좋은 방법이다. 거래하는 스캔업체와 협의해 정기적으로 모니터 색상을 보정해주는 것이 좋다. 가끔 출판사 결정권자들이 모니터 색상을 보고 결정했는데, 실제 인쇄물이 모니터 색상보다 못하다고 하는 경우가 있다. 왜냐하면 모니터는 3원색(RGB)이고, 인쇄는 4원색(CMYK)이기 때문이다.

- 이미지 파일을 저장할 때는 숫자보다 한글로 파일명을 기재하는 것이 안전하다. 예를 들어 한 권의 도서를 진행하는 과정에서 도서명을 기재한 이미지 저장 폴더에 일괄 저장하는 것보다 한 권의 도서명 폴더 안에 장별로 구분하여 정확하게 정리하는 것이 더 안전하다. 문제는 이런 점을 잘 알고 있으면서도 제대로 지키지 않는다는 것이다.

- 스캔할 원고에 유산지를 반드시 씌우는 습관을 가져야 한다. 대부분 이미지 원고가 들어오면 봉투에 넣거나 박스에 포장해 스캔업체로 보낸다. 하지만 이는 큰 잘못이다. 자칫 원고가 훼손되고 자료가 누락될 수 있기 때문이다. 또한 유산지를 씌우지 않고 원고를 만져 지문이 묻으면, 스캔 과정에서 그 지문이 고스란히 남아 인쇄에까지 영향을 미친다.

- 스캔 사이즈를 정확히 알려줘야 한다. 만들고자 하는 도서의 판형과 판면에 적합한 사이즈를 가로×세로로 정확히 기재해야 한다. 특히 다른 도서의 이미지를 사용할 때 포스트잇을 붙여 스캔을 의뢰하는데, 사이즈를 지정하지 않고 위치만 표시하는 경우가 많다.

- 지시·지정이 명확해야 한다. 특정 부분 삭제, 전체적인 색상 조절, 외국 도서에서 글씨를 지우거나 한글로 교체하기 등 스캔 의뢰자의 의도를 정확히 기재하여 전달해야 한다.

- 이미지 원고를 넘겨줄 때는 구겨지지 않게 주의하고, 작업 완료 후 넘겨받을 때에도 꼼꼼히 체크해야 한다. 스캔 과정에서 원고가 분실되

거나 훼손되는 경우도 있기 때문이다.
- 그림책, 미술서, 화보 등 원고의 특성에 따라 전문업체에서 스캔하는 것도 중요하다.

스캔 의뢰서

외국 도서의 스캔

- 외국 도서를 스캔할 때는 잉크가 국내에서 사용하는 잉크와 유사한지, 별색으로 인쇄되어 있는지 등을 점검해야 한다. 만약 별색으로 인쇄되어 있다면, 스캔할 때 4원색으로 변하기 때문에 인쇄 색상이 달라질 수 있다. 잉크 또한 다르다는 점을 인지하고 도서를 만들어야 한다. 특히 먹 100%인 경우도 4도로 분해되기 때문에 컴퓨터에서 그린 그림은 별도로 이미지를 보정해야 한다.
- 외국 도서의 종이를 분석해야 한다. 외국 도서에 사용된 종이와 국내에서 사용하는 종이가 다르기 때문에 색을 재현하는 데도 차이가 난다. 특히 고급지의 경우 색 재현성이 크게 달라진다.
- 양장도서의 경우 표지 데이터를 넘겨받지 못하면 표지를 뜯어 사용하는데, 원서의 경우 책홈 부분이 구겨져 문제를 일으키게 된다. 이때 구겨진 부분을 고르게 펴서 이미지를 재현하는 것이 중요하다.

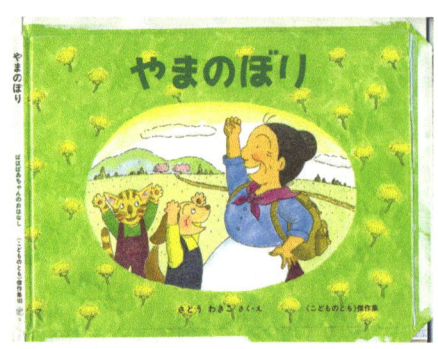

외국 도서의 표지를 뜯어낸 상태

스캔비 계산법

단도와 컬러 스캔비 모두 기본 사이즈(10cm×15cm) 단가와 기본 사이즈 외의 단가가 있다. 기본 사이즈 외의 스캔비는 '가로×세로×단가'로 계산한다. 또한 스캔 원고가 많은 경우 별도로 단가를 조정하면 된다. 반면 스캔 자료의 오려내기가 많은 경우 일정 금액을 추가로 정산해줘야 한다. 예를 들면 다음과 같다.

- 단도 스캔 : 가로×세로×16원(기본 2,500원, 100컷 이상 2,300원)
- 컬러 스캔 : 가로×세로×26원(기본 3,500원, 100컷 이상 3,300원)
  * 단가 협의 가능

5장
출력,
꼼꼼하고 차분하게 점검하라

출판사에서 외주업체 의존율이 가장 높은 것이 출력이다. 그러다 보니 출력 의뢰 때 업체에서 점검하고 체크해줄 거라고 믿는 경우가 많다. 이때 편집배열표도 없고, 본문 종이 두께도 알려주지 않고, 최종교정지도 전달하지 않은 채 출력을 의뢰한다는 것은 인쇄업체에 인쇄 견본도 주지 않고 인쇄해달라고 하는 것과 마찬가지다.

필름 출력 및 컬러 출력기
(경운출력 제공)

모아붙이기(터잡기)

사전적 의미로는 인쇄판을 만들기 위해 1페이지 단위로 따붙인 것을 대지필름에 접지배열에 따라 모아붙이는 일이다. 인쇄업체 등 현장에서 하리꼬미, 장입, 대첩 등 여러 이름으로 사용하고 있다.

터잡기를 할 때는 인쇄판이 인쇄되는 부분을 나타내는 모눈대지를 참고로 하여 인쇄 후에 제책 작업과 제책 종류에 따른 다름재단의 여유, 접지기에서 접었을 때 앞뒤의 페이지 순서 등을 사전에 고려해 작업해야

본문 터잡기 이미지
(POD 코리아 제공)

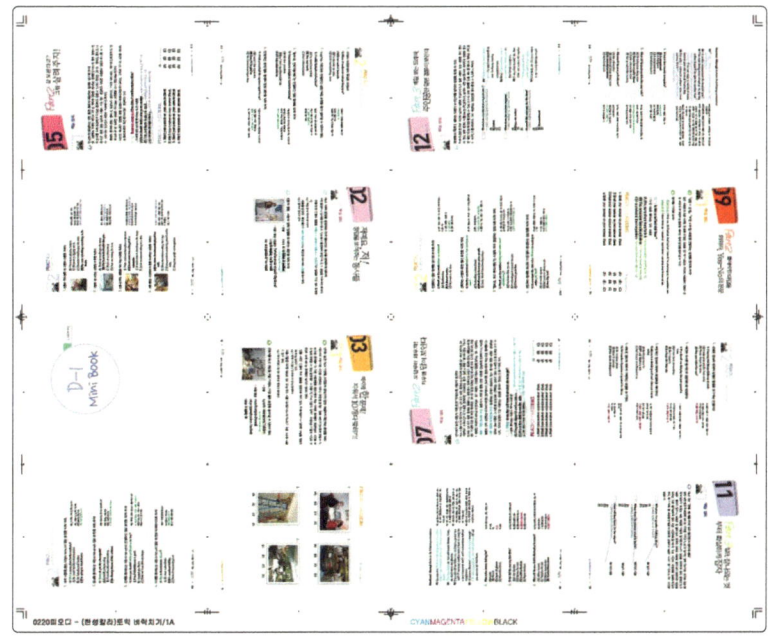

한다. 과거에는 필름을 출력해서 제판 기술자가 대지필름에 한 장씩 작업을 했다면, 요즘은 아예 터잡기 프로그램이 개발되어 컴퓨터에서 바로 작업하여 필름으로 출력한다.

일반 무선 16쪽 인쇄지 절반 8쪽 접지(앞/뒤)

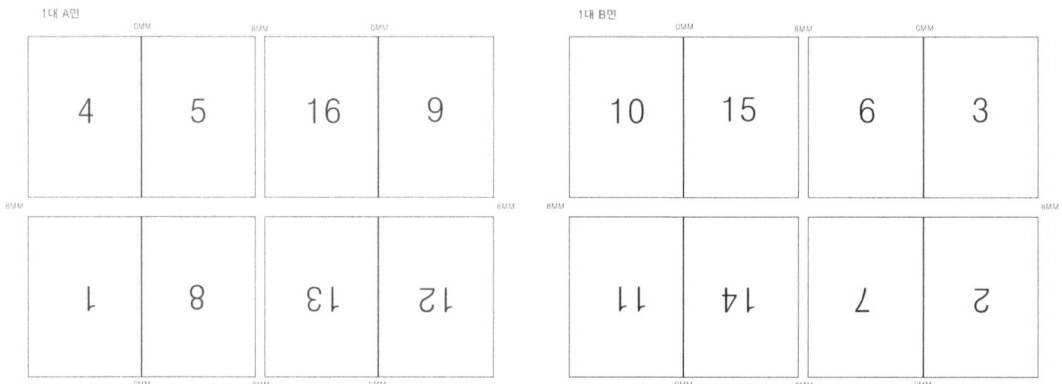

일반 무선 16쪽 접지(앞/뒤)

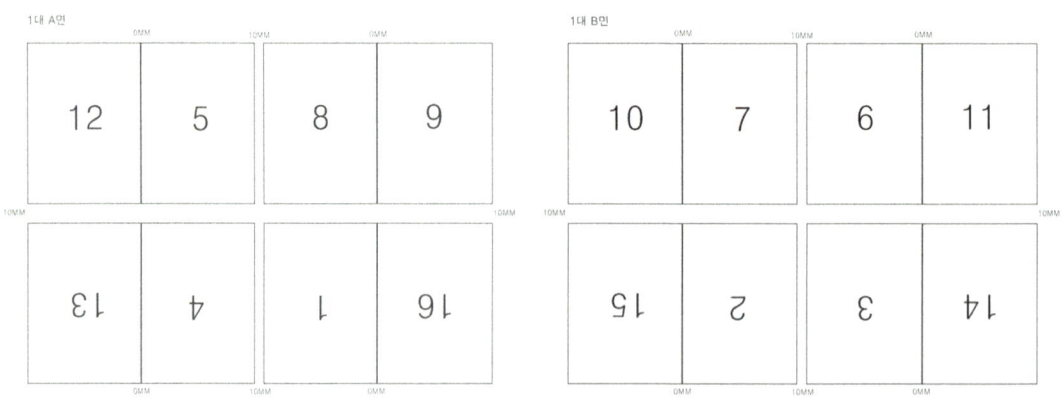

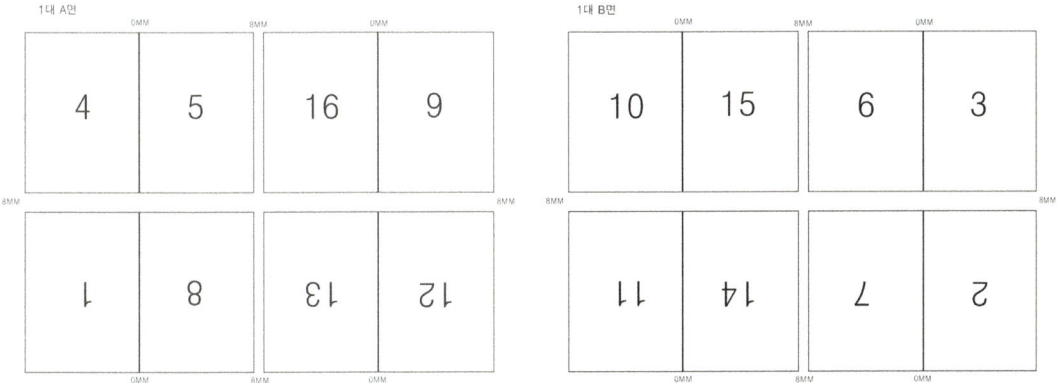

같이걸이

필름을 앞뒤 반복하지 않고 종이를 뒤집어 인쇄하는 방식이며, 현장에서는 돈땡이라고 한다.

 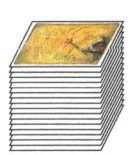 

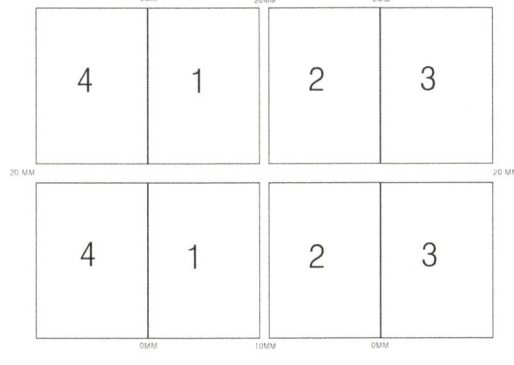

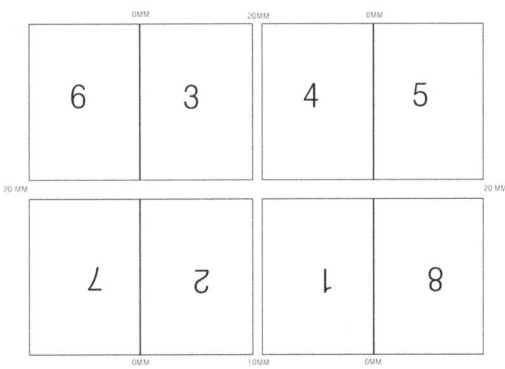

따로걸이

반복 부분이 없는 쪽을 순서대로 터잡기하는 방식이며, 현장에서는 혼가케라고 한다.

 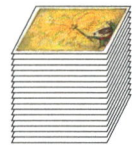 

> **머리맞추기와 꼬리맞추기**
>
> 독자는 물론이고 출판사 직원이 책을 받았을 때 맨 처음 확인하는 것이 표지이다. 그런데 표지가 지저분하거나, 찢어졌거나, 자국 등이 있어 불만족스러웠던 적이 한두 번이 아닐 것이다. 제책업체의 설비가 아무리 깔끔해도 기본적으로 발생하는 사고들이 있다. 그 대표적인 것이 완성된 도서가 벨트를 타고 3면 재단을 하기 전에 발생하는 사고이다. 제작처 관리도 중요하지만 가장 좋은 해결책은 사고를 미리 예방하는 것이다.
>
> 머리맞추기 터잡기를 했을 경우 제책 과정에서 완성된 도서가 쓰러지면 뒤표지가 바닥으로 떨어지게 된다. 꼬리맞추기 터잡기는 앞표지가 바닥으로 떨어지게 된다. 이것은 출력업체와 협의해서 머리맞추기 터잡기를 요청하면 간단하게 해결되는 문제이다.

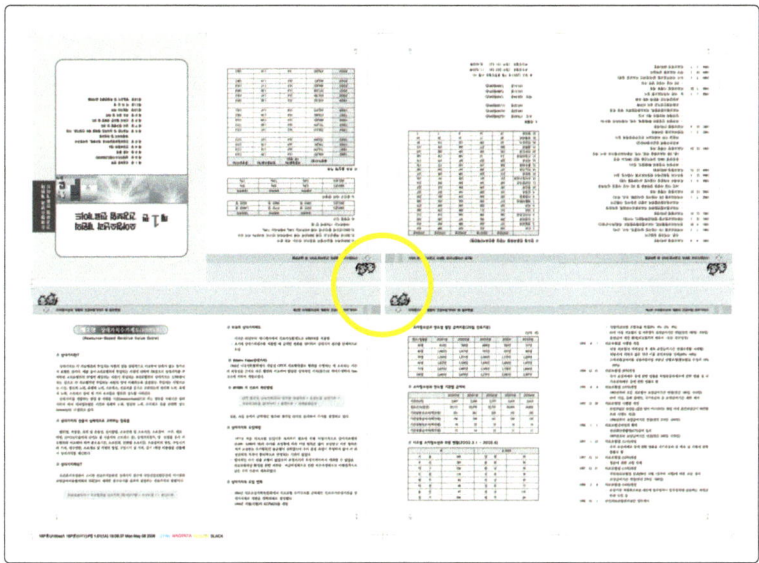

머리맞추기
일반 무선 16쪽 아다

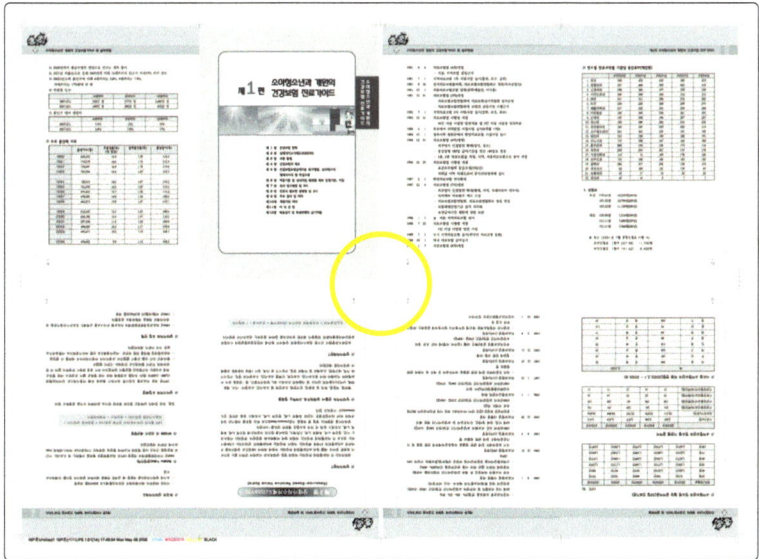

꼬리맞추기
일반 무선 16쪽 시다

CTF(Computer to Film) 출력

필름 출력은 인쇄를 하기 위한 필름을 출력해서 인쇄판을 만들어야 한다.

필름 출력은 4색도(CMYK)로 분판해 출력하는데 4장으로 나누어진 필름으로 감광이 가능하도록 검정색 단색으로만 출력된다.

필름 출력의 장점은 최종 원고를 필름으로 출력해서 편집자나 디자이너가 데이터를 검수하고 인쇄하기 전 데이터 오류를 찾을 수 있다는 장점이 있다. 또한 재판을 제작할 경우 인쇄판(소부) 작업만 하므로 비용을 절감할 수 있다. 필름 출력 후에 감광제를 씌운 알루미늄판(PS판)에 노광(露光)시켜 인쇄기의 인쇄판을 만든다. 이를 소부판 작업이라고 한다.

필름 출력에서는 서체, 크기, 위치, 농도, 색, 도형 그리고 이미지 크기, 위치, 모양 등 포스트스립트화 되어 있는 데이터를 래스터이미지로 호환하는 립(RIP)이라는 작업이 가장 중요한 기능을 한다. 오프셋 인쇄는 이미지들이 망점으로 이루어져 각각의 4가지 색이 각을 이루어 겹쳐지면서 색을 형성하는 것이 기본 원리이다. 이때 이미지를 이루고 있는 망점(Raster)의 모양은 마름모, 원, 사각 등이 있다.

인쇄물의 특성이나 색 톤의 부드럽고 선명한 정도에 따라 망점 모양을 결정하기도 한다. 출력기종에 따라서 망의 모양을 결정하기도 하지만 대부분 하프톤의 망점 모양은 마름모이다. 예전 수동제판에서 망점 각도는 마젠타를 중심으로 (M45°, C15°, Y0°, K75°) 정하던 방식에서 현재는 먹판을 중심으로 (M75°, C15°, Y0°, K45°) 각도를 사용한다.

CTP(Computer to Plate) 출력

CTP는 이미지를 플레이트(금속판)에 직접 노광시킴으로써 제판과 인쇄 사이의 공정을 없애는 이미지 세팅 기술의 한 갈래이다. 필름 출력 공정을 거치지 않기 때문에 플레이트세터(Platesetter)라는 용어를 사용한다.

오늘날 전 세계적으로 필름을 사용하는 수요가 급격하게 줄어들고 있다. 수동카메라에서 디지털카메라로 전환되었고, 인쇄 필름을 사용하던 인쇄방식에서 출판물도 필름 출력을 하지 않고 바로 CTP로 전환하고 있는 추세이다. 문제는 인쇄업체 CTP 설비를 보유하고 있는 것과 출력실에서 CTP판을 사용하는 것에 단가 차이가 있다.

광원에 따른 종류

종류에는 Themal, Ultra Violet(UV), Violet, Silver가 있는데, 이 중 Silver는 제작비용과 효율면에서 실패해서 단종되었다.

- Themal : 전 세계적으로 널리 보급된 안정되고 고품질의 출력방식이다. 판값이 비싸기는 하지만 품질에 대한 안정성이 좋아서 관리가 용이하다. 하지만, 비싼 판재단가로 출판물에 사용하는 것이 부담될 수 있다. 생산 업체로는 Kodak, Agfa, Dynipon Screen사 등이 제작하고 있으며, 다이니폰 스크린사를 제외하고는 CTP판 공급자의 역할도 겸하고 있다. 장비 가격이 UV 장비에 비해 반값 이하로 저렴한 대신

CTP 출력기(한국하이델베르그 제공)

판재비용이 약 30% 이상 차이가 나서 많은 양의 판재를 출력하려는 업체는 UV 장비를 선호한다.

- UV(Ultra Violet) : 일반 소부 형식의 광원인데, 초창기 버전은 소부기계처럼 램프의 빛을 사용하는 품질 안정성이 떨어지는 제품도 있었는데, 최근에는 전종 레이저 방식으로 생산된다. 낮은 판재단가가 장점인데, 품질은 관리를 지속적으로 해줘야 하는 단점이 있다. 생산업체로는 루셔, Basys(유럽산), 클론(중국산) 제품 등이 있다. 현상관계의 영향이 제품의 질에 영향을 많이 주는 편이라서 현상기 관리를 잘 해줘야 하고, 판재는 여러 종류의 중국산이 다수를 차지하고 있고, 국내 시장 점유율도 높다.

- Voilet : CTP 초창기 시절에 Themal Type과 함께 시장 점유율이 높았으나, UV 장비가 나오면서 높은 판재비용을 감당할 수 없는 업체들이 차례로 장비를 포기함으로 현재는 신규판매가 극히 부진한 상황이다.
- 국내 판재생산 업체는 세일ps, 정도산업, 대구제일ps 등 업체들이 제품들을 생산하고 있는데, 이는 중국산 또는 외산판재의 구매 구속력에서 벗어날 수 있는 기회로 삼기 위해서는 하루 빨리 안정화된 우수한 품질을 생산함으로 국내수요와 외국 수출을 목표로 판재생산업체는 노력이 필요하다.

CTP 제작 공정의 장점

- 제작 공정 시간의 단축 : 필름 출력, 현상 등의 작업이 생략되고 색판의 혼재나 플레이트의 반전, 터잡기 문제가 작아진다.
- 고품위 출력 : 인쇄판을 만드는 과정에서 사라져버리는 망점을 최소화하고, 최소 망점 사용으로 인한 먼지 문제를 해결한다.
- 색상 관리 : 톤과 도트게인을 일괄적으로 제어할 수 있고, 정확한 핀맞춤으로 색상을 우수하게 재현한다.
- 납기의 유연성 : 생산 공정의 최종 단계에서도 수정이 가능하며 일정과 납기에 유연하게 대응할 수 있다.

CTP 공정과 CTF 공정의 차이

- CTP 공정 : 작업 데이터 → PS판 출력(터잡기, 교정) → 인쇄
- CTF 공정 : 작업 데이터 → 필름 출력 → 인쇄판(PS판) 생성 → 인쇄교정 → 인쇄

인디고, 인쇄 교정

인디고 교정

인디고 교정은 어떻게 활용하느냐에 따라 중요한 역할을 한다. 가장 이상적인 것은 본인쇄에서 사용하는 인쇄 용지를 사용해서 실제 인쇄물처럼 출력해서 실제 책 사이즈로 만들어볼 때 효과적이다. 실제 도서처럼 제작을 해서 검토하기 때문이다. 본문의 경우 맞춤법, 행간 이동, 색상, 이미지 유실 등 제반 사항을 점검할 수 있어 유용하다.

장점은 소량이 제작이 용이하다는 것이고, 둘째는 인쇄보다 빠른 시간에 제품을 생산할 수 있고, 종이의 평량에 관계없이 만들 수 있다.

반면에 단점으로는 업체마다 컬러와 가격 차이가 난다. 또 하나는 같은 작업물이라 하더라도 시간이나 날짜에 따라서 결과물이 다르게 나올 수 있다.

인쇄 교정

인쇄 교정지 점검은 출판물 제작에서 가장 기본적인 상식이자 반드시 지켜야 하는 절차이다. 인쇄 교정은 데이터가 1도 인쇄물이냐, 4도 인쇄물이냐에 따라 달라진다. 1도인 경우 1대 정도만 본인쇄에서 사용하고자 하는 종이에 교정을 내면 된다. 가능하면 이미지가 포함된 대수를 선택하는 것이 좋다. 그럼으로써 출력선수와 인쇄 농도, 그리고 먹 50%인 본문 소제목의 농도 등을 점검하고 예측할 수 있다. 그와 달리 4도 인쇄물의 경우 가능하면 전체 교정을 내는 것이 안전하다. 서체, 이미지 유실, 판형, 색 농도, 비침, 배어남 등 전반적인 면을 미리 점검할 수 있기 때문이다. 그러나 대부분 비용문제로 일부분만 교정을 내는데, 그런 경우 반드시 인쇄 감리를 해야 한다.

- 인쇄 교정을 내고자 하는 출력 자료의 데이터 값을 정확하게 전달한 후 동일 여부를 점검한다.
- 색 견본이나 이미지 자료를 전달한다.
- 담당자가 직접 확인하면서 인쇄 교정을 내는 것이 가장 좋다. 그러면 본인쇄에서 감리를 하지 않고 인쇄 교정지와 동일하게 인쇄하라고 지시하면 된다.
- 단색 인쇄물은 1대 정도만 교정을 내도 무난하다.
- 컬러 인쇄물은 반드시 본인쇄에서 사용할 종이에 인쇄교정을 낸다.
- 인쇄 교정비를 반드시 확인한다. 일반적으로 인쇄 교정은 출력업체에서 대행을 하지만 직접 작업하는 곳도 있기 때문에 교정 단가를 정확히 알고 있어야 한다. 인쇄 교정이 만족스럽지 못한데 결재를 해야 하거나, 재인쇄 교정을 해야 하는데도 그러지 못하는 경우 등이 있기 때문에 방식과 단가에 대한 규정이 필요하다.
- 인쇄 교정지를 의뢰할 때는 출판사에서 사용하고자 하는 제지회사의 종이를 제공해야 한다. 나중에 본인쇄를 할 때 어느 제지회사의 종이냐에 따라 인쇄도 달라지기 때문이다.
- 표지교정지를 인쇄업체에 전달한다.

출력 전에 확인해야 하는 사항

출력업체가 사용하고 있는 서체를 점검하라

- 출판사에서 최종 데이터를 출력업체에 보낼 때 사용 서체를 점검하지 않거나, 출력업체도 서체를 체크하지 않는 경우이다. Quark 또는 인디자인의 경우 화면용 서체와 출력용 서체가 다르기 때문에 사전에 체크하지 않으면 서체가 유실되거나 한 행이 밀리거나 특수문자가 제대로 출력되지 않는다.
- 외부 디자인 업체에 본문과 표지 등을 의뢰해 출력할 때는 더욱더 주의해야 한다. 디자인 업체는 출판사보다 다양한 서체를 사용하고 있기 때문에 출력업체와 서체에 대한 정확한 정보를 공유해야 한다. 가능하면 출판사에서 주로 사용해온 서체를 선택하는 것이 좋다. 외부 디자인업체에서 표지 시안이 왔는데, 모니터에서 제목이 보이지 않거나 밀려서 이상하게 보이는 경우가 많을 것이다. 그러므로 편집디자인 과정이나 출력 과정에서 처음부터 동일하거나 서로 사용하고 있는 서체를 선택하는 것이 가장 안전하다.
- CTP로 출력했을 때도 마찬가지다. CTP 출력 설비는 갖추고 있지만 서체가 지원되지 않으면 다른 업체에서 출력해야 하는 경우가 있으므로 사전에 꼭 확인해야 한다. 이러한 사고가 발생하는 이유는 서체가 비싸서 다양한 서체를 구입하지 못하기 때문이다. 부득이한 경우 트루타입(True Type) 서체를 사용하지만 본문 서체는 절대적으로 포스트

스크립트(Post Script) 서체를 사용해야 한다.
- 가장 안전한 방법은 출력물에 사용한 서체를 함께 보내는 것이다. 그러면 출력업체에서 기존에 사용하고 있던 자형(서체) 폴더를 빼내고, 출판사나 디자인 업체에서 보낸 서체를 설치해 안전하게 출력한다. 영문 서체의 경우 더욱더 그렇다. 특히 어학 출판사의 경우 특수문자와 외래어를 많이 사용하기 때문에 전문업체에서 출력하지 않으면 낭패를 보게 된다. 이를테면 몽골어, 태국어, 베트남어를 편집 과정에서 사용했다면 출력업체가 서체를 보유하고 있는지 반드시 확인해야 한다.

소프트웨어 버전이 동일한지 점검하라

출력 과정에서 자주 발생하는 사고 중 하나가 소프트웨어 버전이 달라 문제를 일으키는 경우이다. 출판사에서 사용하고 있는 프로그램은 Quark 3.3인데 출력업체는 Quark 4.1을 사용하고 있거나, 출판사에서는 OS9를 사용하고 있는데 출력업체는 OS10을 사용하는 경우이다. 그리고 인디자인 프로그램의 경우, 매킨토시 버전과 IBM 버전이 다르므로 외부 디자인업체도 동일한 소프트웨어를 사용하고 있는지 사전 점검이 반드시 필요하다.

출력 전에 이것만은 점검하라

담당자(편집자, 디자이너)가 작업을 마무리하면서 최종적으로 점검해야 하는 것들이 있다. 데이터에서 오버프린트를 했는지, 이미지 파일은 잘 정리되었는지, 누락된 이미지는 없는지, 불필요한 서체가 들어갔는지, 확정된 도서명으로 정리되었는지, 재단 여분이 제대로 처리되었는지, 사이즈는 맞는지 등 아주 세부적으로 체크한 다음 출력을 의뢰해야 한다.

오버프린트(Overprint)

겹쳐찍기 또는 올려찍기를 말한다. 다른 색상 위에 검은색 95~100%를 찍으면 다른 색상을 모두 가리므로, 면이든 선이든 무조건 오버프린트를 적용해야 한다. 검은색을 밑색빼기로 찍으면 인쇄 때 오차로 컬러와 컬러 사이에 하얀 부분이 생긴다.

녹아웃(Knockout)

밑색빼기를 말한다. 이미지와 배경에 사용된 컬러에서 같은 컬러 유전자가 조금이라도 섞여 있으면 상관없지만 전혀 섞이지 않은 다른 컬러끼리는 밑색을 빼주어야 한다. 인쇄 잉크는 C+Y처럼 겹쳐 찍으면 녹색이 되는 투명 컬러이기 때문이다. 단, 밑색빼기만 적용하면 컬러 사이에 하얀 부분이 생기므로 트랩 적용으로 보완해야 한다.

트랩(Trap)

걸쳐찍기를 말한다. 배경 쪽 밑색이 빠진 면적보다 전경 쪽 컬러 면적이 더 크도록 또는 작게 처리하는 것이다.

출력의뢰서 작성 요령

- 출력선수를 기재해야 한다. 완성된 원고를 출력 의뢰할 때는 반드시 출력선수를 확인해야 한다. 출력선수(Line per Inch)는 1인치 선 안에 망점이라는 하프톤 도트(Halftone Dot)가 몇 개 들어가는가를 표시하는 것이다. 출력기 최소단위와 하프톤 도트가 정밀할수록 출력물의 질이 높다. 해상도(Dot per Inch)는 바로 출력기 최소단위의 정밀도를 가리키는 말이다. 해상도는 스캔과 밀접하게 관련되어 있다.
- 일반적으로 신문, 만화, 실크 인쇄는 60~100선, 모조지 계열의 흑백 인쇄는 133선, 모조지 계열의 컬러 인쇄는 150선, 고급 화보나 사진집은 175선으로 출력하는 것이 좋다.
- 출력에서 선수가 중요한 것은 종이와 밀접한 관계를 맺고 있기 때문이다. 만약 출력선수를 150선으로 출력해 신문종이에 인쇄했다고 가정해보자. 재현하고자 하는 이미지가 아주 진하고 어둡게 인쇄될 것이다. 왜냐하면 잉크의 번짐이 강한 신문종이에 망점을 너무 많이 주었기 때문이다. 반대로 출력선수를 100선으로 출력해 아트지에 인쇄했다면 어떻게 될까? 아트지는 잉크 흡수력이 떨어지고 번짐이 약하기 때문에 둥그런 망점이 보이게 될 것이다. 결국 이미지 해상도가 떨어져 색을 제대로 재현해내지 못하게 된다.
- 가늠표가 설정되었는지 확인해야 한다. 일반적인 인쇄물은 가늠표를 설정하는 데 큰 문제가 발생하지 않는다. 다만 판형이 다르거나, 규격

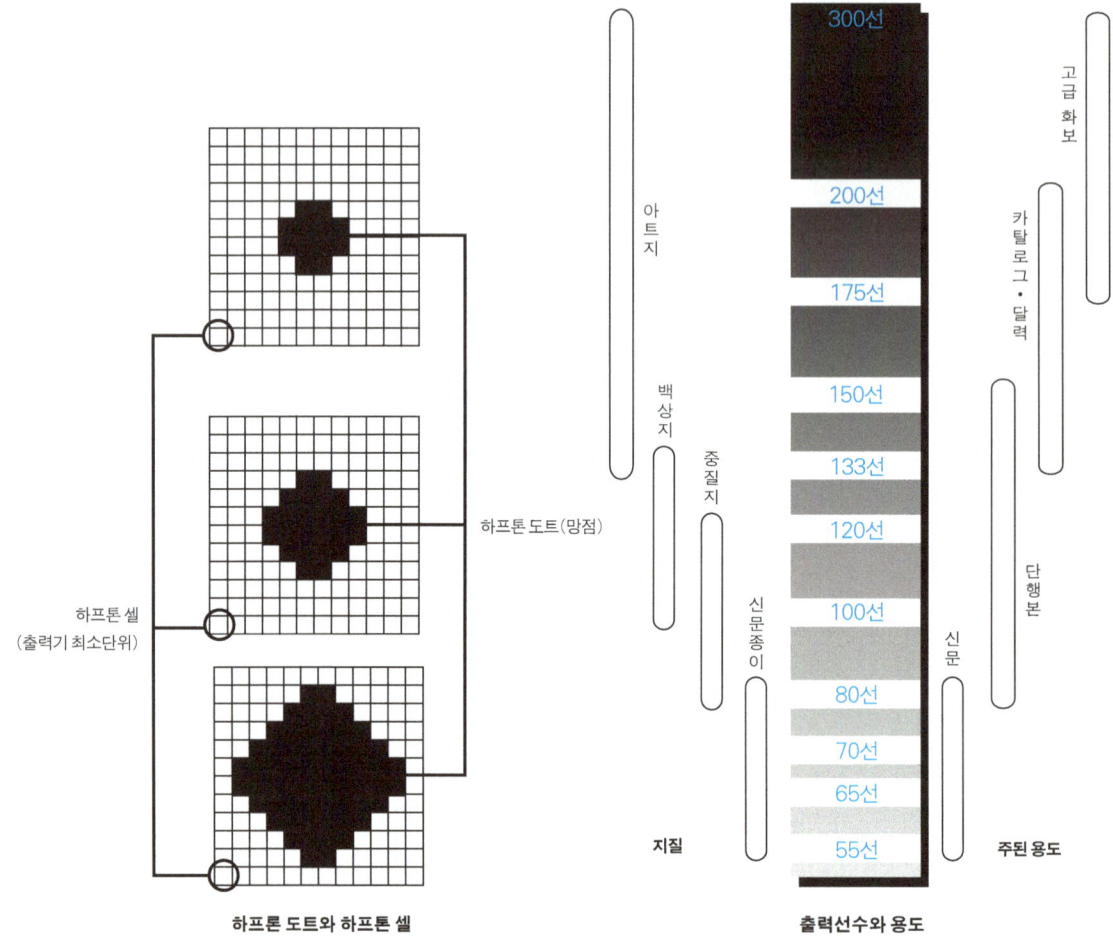

하프톤 도트와 하프톤 셀

출력선수와 용도

외의 인쇄물을 출력할 때는 출력하고자 하는 사이즈에 맞춰 가늠표를 설정해야 한다. 가늠표를 제대로 설정하지 않으면 인쇄 색상의 정확도가 떨어지고, 특히 컬러 인쇄의 경우 색상이 번지는 느낌을 주기도 한다.

- 가늠표는 제판, 인쇄, 제책 등의 작업 공정이 원활하게 이루어지는 데 중요한 역할을 하며, 십자(+)로 표시한다. 다색 인쇄의 가늠과 위치를 알아보는 중심 표시, 제책 때의 접지 표시, 책 사이즈의 재단 표시 등

을 나타내기 때문이다. 레지스터 마크(Register Mark)라고도 하며, 현장에서 흔히 사용하는 돔보선은 잘못된 용어이다.

- 출력 파일명은 최종 도서명으로 정확히 기재해야 한다. 출력업체와 원활한 커뮤니케이션이 이루어지고, 작업자도 최종 자료를 정리하려면 반드시 최종 도서명을 기재해 출력을 의뢰해야 한다. 출력물의 파일명이 가제로 기록된 경우가 많은데, 이를 수정하지 않고 저장해두면 나중에 데이터를 찾기가 어렵다.

- 출력 파일 규격을 세부적으로 기재해야 한다. 간혹 출력의뢰서에 기재한 규격과 출력물의 규격이 다른 경우가 있다. 그러면 출력업체는 출력물 규격대로 작업을 진행한다. 문제는 제책 과정에서 생긴다. 제책의뢰서에는 153×225mm로 적혀 있는데, 인쇄물 규격은 151×225mm가 되어 있는 것이다. 표지, 띠지, 커버, 홍보물 등은 이런 경우가 더 많다. 반드시 동일한 규격을 기재하여 출력을 의뢰해야 한다.

- 편집배열표와 최종교정지를 확인해야 한다. 출력물을 의뢰하면서 바쁘다는 핑계로 편집배열표와 최종교정지를 전달하지 않는 경우가 많다. 편집배열표는 본문이 어떻게 구성되는지를 알 수 있는 중요한 자료이다. 그리고 그보다 더 중요한 것이 최종교정지이다. 대부분의 작업자들은 최종 레이저 프린트 교정지에 표시된 부분을 수정하고 최종교정지를 교체하지 않는다. 나중에 필름을 검판할 때 어느 부분을 수정했는지, 올바르게 수정되었는지를 파악하지 못하고 결국 인쇄 과정에서 사고를 일으키는 경우가 많다. 출력을 의뢰할 때 최종교정지는 반드시 보내야 하고, 출력업체는 최종교정지와 대조하여 이미지 유실 여부 등을 점검해야 한다.

- 이미지 원고의 경우 파일명에 특수기호나 부호를 사용하지 말아야 한다. 간혹 특수기호나 부호로 인해 데이터 오류가 발생하기 때문이다.

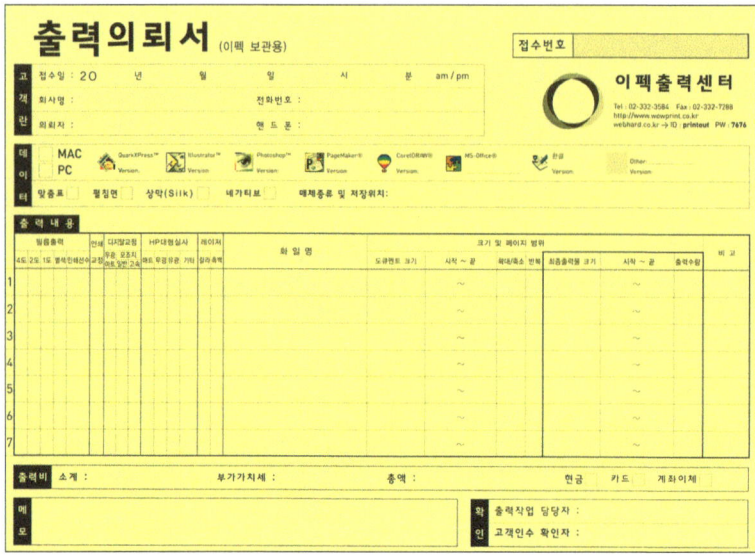

출력의뢰서(이펙 제공)

- Quark에서는 EPS, TIFF 파일만 출력이 가능한 것처럼 프로그램에 따라 이미지 사용이 달라진다. 인디자인은 PSD 파일도 가능하며, IBM PC에서는 JPG 파일이 출력 가능하다. 다른 프로그램에 다른 포맷의 이미지가 저장되어 출력될 경우 저해상도의 이미지가 형성되어 인쇄 과정에서 모자이크 형태로 재현된다.
- 필름 출력 때 망점의 망각도가 다른 경우 심각한 문제를 불러일으킨다. 오프셋 인쇄는 먹(K)을 중심으로 네 가지 색이 각(M75°, C15°, Y0°, K45°)을 이루어 겹치면서 색이 형성된다. 네 가지 색의 각도가 일정하지 않으면 인쇄 과정에서 무아레(moire) 현상이 나타난다. 이러한 사고

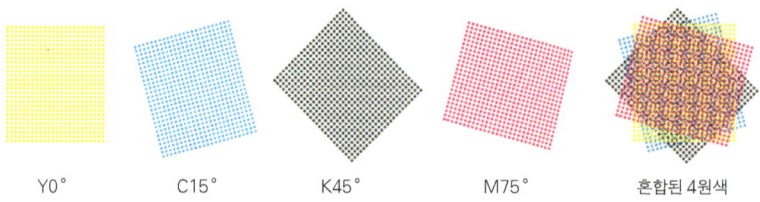

Y0°　　C15°　　K45°　　M75°　　혼합된 4원색

는 기계를 새로 설치하거나, 출력 과정에서 각도를 잘못 세팅하거나, 동일한 데이터를 다른 업체에서 출력했을 때도 발생한다. 출력업체가 다른 경우, 출력기가 다른 경우, 재판 때 수정이 있는 경우 주로 발생한다.

출력업체의 점검사항

출력업체가 다음과 같은 사항을 꼼꼼히 점검하는 것이야말로 출판사에 최상의 서비스를 제공하는 것이다.

- 출력의뢰서가 정확하게 작성되었는가?
- 출력 데이터의 서체가 동일하고, 특별한 서체가 사용되지 않았는가?
- 출력 데이터의 그림, 사진 등이 유실되지 않고 저장 형태가 올바른가?
- 출력의뢰서에 기재된 내용과 출력 데이터의 사이즈가 동일한가?
- 출력 의뢰 때 편집배열표와 최종교정지도 함께 받았는가?
- 출력된 필름을 최종교정지와 대조해 이미지 유실 여부 등을 점검하고, 문제가 있는 페이지를 재출력해 완벽한 필름을 의뢰자에게 넘겨주었는가?

출력물, 이렇게 점검하라

최종교정지와 대조하면서 서체, 그림 등이 깨지거나 유실되지 않았는지를 1차적으로 확인하는 것이 효율적이다. 필름 검판 때 체크해야 할 사항은 다음과 같다.

- 출력된 필름이 전체적으로 농도가 일정한가? 육안으로 분간하기가 쉽지 않지만 경력이 쌓이면 농도가 다른 부분을 발견해낼 수 있다.
- 최종교정지와 대조해 이상이 없는가?
- 출력의뢰서와 동일한 규격인가?
- 영문 또는 숫자 서체, 이미지, 약물, 만든 글자 등이 제대로 출력되었는가?
- 본문의 마지막 행이 밀려나지 않았는가?
- 필름이 구겨지지 않았는가? 운송 과정에서 필름이 구겨져 훼손되거나, 출력기에서 구겨지는 경우도 있기 때문에 꼼꼼히 점검해야 한다.

필름 출력비

자주 사용하는 판형의 필름 출력비는 일정하게 결정한 후 진행하는 것이 좋다. 예를 들어 신국판, 사륙판, 대국전지 등 발주자 내부에서 자주 활용하는 판형에 대해서는 필름 출력비를 확정해야 한다. 그 외 사이즈의 필름 출력비는 별도의 단가를 책정하는 것이 낫다. 재출력물의 경우 수주자와 협의하여 일정하게 할인된 단가를 책정해야 한다.

국전지 계열의 필름 출력비 비교표(단위: 원)

판형 및 종이 규격	도수	A회사	B회사	C회사	D회사
대국전지 720×1020	1			19,200	
대국전지 720×1020	4			76,800	
국전지 636×939(A1)	1	40,000	17,900	16,000	18,000
국전지 636×939(A1)	4	170,000	71,600	64,000	72,000
국2절 469×636(A2)	1	18,000	8,900	8,000	9,000
국2절 469×636(A2)	4	70,000	35,700	32,000	36,000
국4절 318×469(A3)	1	8,000	4,400	4,000	4,500
국4절 318×469(A3)	4	36,000	17,800	16,000	18,000
국배판 210×297(A4)	1	5,000	1,800	2,000	2,500
국배판 210×297(A4)	4	32,000	7,400	8,000	10,000
신국판 153×225(A5)	1	2,500	1,000	1,000	1,000
신국판 153×225(A5)	4	16,000	6,000	4,000	5,000
국반판 105×148(A6)	1	1,500		500	
국반판 105×148(A6)	4	10,000		2,000	

사륙전지 계열의 필름 출력비 비교표 (단위: 원)

판형 및 종이 규격	도수	A회사	B회사	C회사	D회사
사륙전지 788×1091(B1)	1		25,700	24,000	25,000
사륙전지 788×1091(B1)	4		102,800	96,000	100,000
사륙2절 545×788(B2)	1	28,000	12,800	12,000	13,000
사륙2절 545×788(B2)	4	120,000	51,200	48,000	52,000
사륙4절 394×545(B3)	1	12,000	6,400	6,000	6,500
사륙4절 394×545(B3)	4	60,000	25,600	24,000	26,000
사륙타블 257×366(B4)	1	5,000	2,800	3,000	3,500
사륙타블 257×366(B4)	4	32,000	11,200	12,000	14,000
사륙배판 188×257(B5)	1	2,500	1,400	1,500	2,000
사륙배판 188×257(B5)	4	16,000	5,600	6,000	6,500
사륙판 127×188(B6)	1	1,500	700	750	
사륙판 127×188(B6)	4	10,000	2,800	3,000	

- 기타 규격의 필름 출력비는 센티미터당 1도는 약 3원이고, 4도는 16~18원이다. 즉 표지, 커버, 엽서, 포스터 등 규격 외 원고를 출력하는 경우에 적용하면 된다.
- 재출력물은 업체와 협의해 조금 저렴한 단가로 책정하기도 한다.
- 비교표에서 A회사는 상업물을 전문적으로 취급하는 업체이고, 나머지는 출판물을 전문적으로 처리하는 업체이다.

6장
인쇄,
원리를 알고 정확히 지시하라

인쇄는 무엇보다 인쇄업체 기술자와 친분관계를 유지하는 것이 중요하다. 인쇄 전문가는 인쇄 기술자이지 출판사 편집자나 디자이너가 아니다. 인쇄 감리 때 출판사 직원은 인쇄기 옆에 서서 '먹색 조금만 올려주세요' 아니면 '먹색 약간만 내려주세요'라고 지시하는 경우가 많다. 그런데 '조금'이나 '약간'은 어느 정도의 양을 말하는 것일까. 앞으로는 '먹 5% 올려주세요'라고 말하는 것이 어떨까. 그래야 기장이 수치를 근거로 정확하게 기계를 조작한다. 인쇄 과정에서는 인쇄물을 보는 사람에 따라 색상이 달라지므로 감리자의 기준에 맞춰 인쇄를 했다면 최상의 색상을 재현한 것이다.

인쇄에 필요한 요소

인쇄물을 만드는 데는 다음과 같은 다섯 가지 요소가 필요하다.
①필름 원고 ②인쇄판(PS판) ③잉크 ④종이 ⑤인쇄기

삼성문화인쇄 현장
(삼성문화인쇄 제공)

인쇄판

- 출력한 필름을 인쇄판에 올리기 위해 전문업체나 인쇄업체에 의뢰해서 인쇄판을 만든다. 최근에는 출력업체에서 직접 터잡기해서 통으로 출력하는 경우가 많다. 인쇄판은 알루미늄 재질로 만들어져 있으며 인쇄품질과 작업의 편리성을 위해 표준화된 공정으로 제작된 PS(Pre-sensitized Plate)을 주로 사용한다.
- 인쇄판 위에 필름의 막면이 아래로 가도록 올려놓고 진공 압착시킨 다음 빛쬐기(소부)를 한다. 필름의 막면이 위로 오면 인쇄판의 화상이 퍼지고 굵어지므로 막면이 아래로 가도록 한다. 막면이란 화상이 긁히는 면을 말한다.
- 빛쬐기를 한 다음 PS판 자동현상기에 넣어 인쇄판을 완성한다. 현상기 안에서 자동으로 약품처리되고 화상만 남고 나머지는 탈막된다. 인쇄는 화상 부분이 친유성이므로 인쇄잉크가 발려지고 이외의 부분은 아라비아 고무를 발라 불감지화 시켜서 친수성이 되게 하여 잉크가 묻지 않도록 한다.
- 이미지의 망점을 제대로 재현하느냐 그러지 못하느냐를 결정하는 것이 인쇄판(소부판)이다. 신판을 사용하지 않고 재생판을 사용하는 경우, 망점이 고르지 않거나 색상이 일정하지 않은 현상이 나타난다. 인쇄하기 위해 준비해둔 인쇄판의 뒷면이 말끔하면 신판이고, 긁힌 자국이 많으면 재생판이다. 재생판을 사용했을 때는 인쇄판비 계산 방

식도 달라진다.
- 인쇄판을 보면 화선부와 비화선부가 있다. 글과 이미지가 재현되어 있는 곳을 화선부라고 하며, 하얀 바탕인 곳을 비화선부라고 한다. 화선부는 잉크가 묻는 곳이며, 비화선부는 물이 묻는 곳이다.
- 인쇄판은 국내산과 수입산으로 구분된다. 국내산의 경우 수입산보다 망점 재현성이 떨어지지만 고급인쇄물이 아닌 이상 국내산을 사용해도 무방하다. 수입산은 국내산보다 비싸기 때문에 주의해서 사용해야 한다.

인쇄 잉크

종이에 색을 재현해내는 것을 잉크라고 한다. 인쇄 잉크는 볼록판 잉크, 평판 잉크, 오목판 잉크로 나눈다. 잉크도 생산되는 회사마다 장단점을 갖고 있다. 별색 인쇄를 하는 경우 별색 잉크를 만들고, 본문에 형광색을 재현하고자 하면 형광 잉크를 사용하고, 경우에 따라 수입 잉크를 사용하기도 한다.

인쇄는 잉크와 습수의 반발력을 기본 원리로 한다. 잉크를 적절하게 활용해 인쇄 효과를 높이는 인쇄업체를 만나면 정말 반갑다. 성수동에 있는 인쇄업체는 잉크가 마르지 않으면 인쇄물을 출고하지 않는다. 며칠이 걸리건 잉크가 마를 때까지 보관했다가 출고한다. 그러면 뒤묻음이 절대로 생기지 않는다.

종이를 잘못 선택해놓고 인쇄 잘못이라고 항변하는 출판사는 되지 말자는 의미로 인쇄 판식에 따라 다르게 사용되는 잉크에 대해 정리해보았다.

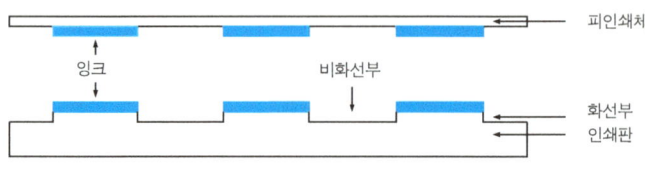

볼록판식(활판, 수지판)

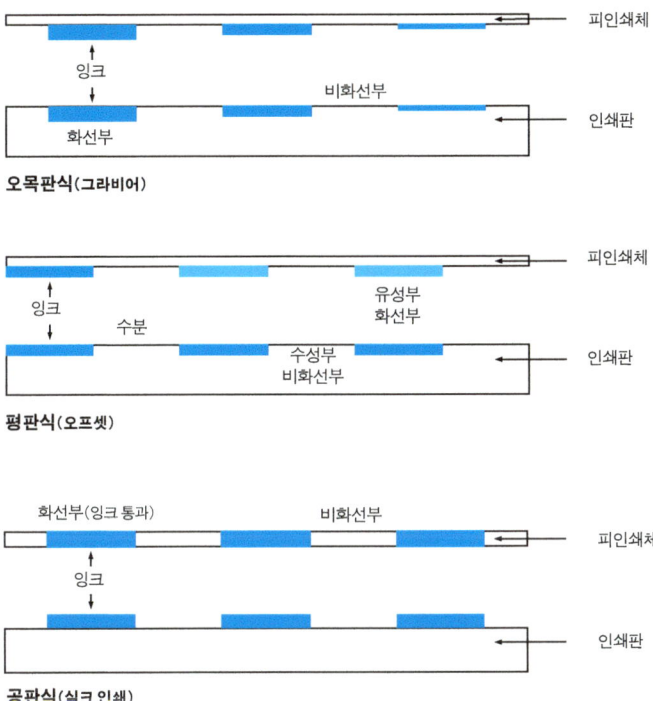

인쇄 잉크의 종류

목적에 따른 분류

프로세스 잉크, 별색 잉크, 금은 잉크, 펄 잉크, 오페이크 잉크, 형광 잉크, 내성 잉크, 기타 특수잉크

인쇄법에 따른 분류

평판 잉크, 볼록판 잉크, 그라비어 잉크, 특수 잉크, 플렉소그래피 잉크

인쇄 방식에 따른 분류

볼록판 잉크(박스, 종이컵, 우유팩, 포장지 등), 평판 잉크(프로세스 등), 오목판 잉크(비닐류, 과자봉지 등), 공판 잉크(특수 인쇄)

피인쇄체에 따른 분류
종이 잉크, 플라스틱 잉크, 금속용 잉크, 도자기용 잉크, 목제품 잉크, 포장지용 잉크

잉크 성분에 따른 분류
유성 잉크, 수성 잉크, 알코올성 잉크, 왁스형 잉크, 수지형 잉크

잉크 상태에 따른 분류
반죽형 잉크, 액상 잉크, 분체 잉크, 저점도 잉크, 고점도 잉크

잉크 건조에 따른 분류
산화형 잉크, 건조형 잉크, 자외선 잉크, 적외선 잉크, 자연건조 잉크

특수기능에 따른 분류
OCR 잉크, 자성 잉크, 액정 잉크, 형광 잉크, 펄 잉크

오프셋 잉크
① 습식 잉크
매엽 잉크 ― 오프셋 잉크 : 종이 잉크
　　　　　 ― 금속 잉크 : 철판, 금속류, UV 잉크, 디지털 잉크
윤전 잉크 ― 신문 잉크
② 건식 잉크 : 드라이 오프셋 방식

잉크의 성질
점탄성
잉크는 액체와 고체 성분을 가지고 있으며, 바니시 성분은 흡수하고 고

체 안료만 고착된다.

틱소트로피(Thixotropy)

잉크통에서 꺼냈을 때는 딱딱한 상태인데, 잘 이기면 부드러워지는 현상이다.

점도

액체의 흐름에 저항하는 성질이다.

택(Tack)

닙(nip)을 지날 때 표면에 저항하는 성질이다.

컬러 차트

인쇄 색상 견본용으로 인쇄업체에 컬러 차트를 제공할 때 주의해야 할 점이 있다. 본문 종이가 아트지이면 아트지용 컬러칩을 제공해야 하고, 모조지이면 모조지용을 제공해야 한다. 또한 별색을 사용하는 경우에도 정확한 컬러 차트를 전달해줘야 한다. 본문 종이는 모조지인데 아트지에 인쇄된 색상을 견본으로 제공하면 인쇄업체는 무척 혼란스러워한다. 이는 인쇄 후 논쟁거리가 되기도 한다. 대표적인 컬러 차트의 종류로는 DIC와 팬톤(pantone)이 있다.

DIC 컬러 차트

인쇄 종이

보통 종이 인쇄를 일반 인쇄라 하고 비닐, 플라스틱, 철판, 유리, 도자기, 목재, 섬유, 약품정제, 가죽 등 종이 이외의 물체에 인쇄하는 것을 특수 인쇄라고 한다.

인쇄종이를 선택할 때 주의해야 할 점은 인쇄기에 맞게 종이를 사용해야 한다는 것이다. 이를테면 사전이나 성경책에 사용하는 종이를 박엽지라고 한다. 이 종이는 아주 얇기 때문에 그에 적합한 인쇄기로 인쇄를 해야 한다. 그런데 이 인쇄기로 만화나 단행본 도서용 종이를 인쇄하면 색상이 제대로 재현되지 않는다. 마찬가지로 $300g/m^2$ 이상 되는 종이를 주로 인쇄하는 기계에 $80g/m^2$ 종이를 인쇄해도 색 재현성이 떨어진다.

인쇄기의 제원을 파악한 후 그에 맞는 사이즈의 종이를 제공하는 것도 매우 중요하다. 국전지 기계로 사륙반절을 인쇄하고자 하는 경우 사륙전지 종이를 발주해 인쇄업체에서 재단하는 것보다 제지회사에서 사륙반절로 재단한 다음 인쇄업체에 제공하면 사이즈도 정확하고 공정도 빨라지고 미세한 사고도 발생하지 않는다.

인쇄기의 구분

- 평압 인쇄기는 볼록판용 인쇄기로, 평평한 판반 위에 판을 놓고 잉크를 묻힌 다음 압판으로 종이를 덮어 가압하는 방식이다. 인쇄 속도가 느리지만 명함, 초대장, 서식 같은 인쇄물의 소량 인쇄에 적합하다.
- 오프셋 인쇄기는 평판용 인쇄기로, 판반 위에 판을 배치·고정시키고 판반이 원통 실린더 밑을 왔다갔다 통과할 때 압통에 물려 있는 종이에 인쇄되는 방식이다. 원압 인쇄기는 판반의 운동 방식에 따라 스톱 실린더 인쇄기와 1회전 인쇄기, 2회전 인쇄기 등 여러 형태가 있는데 평압 인쇄기보다 인쇄 속도가 빨라 출판물 인쇄에 가장 적합하다. 크기에 따라 사륙전지기, 대국전지기, 국전지기, 사륙2절기, 국2절기, T3절기 등으로 구분한다.
- 윤전 인쇄기는 판통과 압통 모두 실린더이며, 판통에 둥근 판을 감고 판통과 압통 사이로 두루마리 형태의 종이가 통과하면서 인쇄되는 방식이다. 윤전 인쇄기는 인쇄 효율이 좋고, 고속·대량 인쇄에 알맞다.

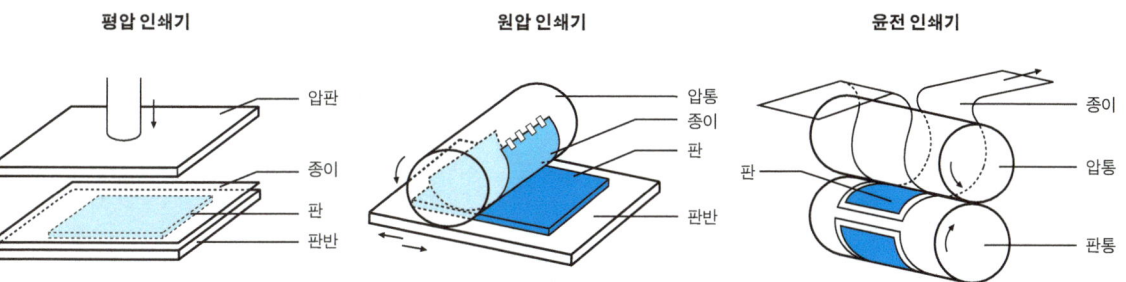

인쇄의 종류와 원리

볼록판 인쇄

볼록판 인쇄의 원리는 판화를 연상하면 된다. 원고를 판에 올려 새긴 다음 롤러로 화면에 잉크를 칠해 종이에 찍는다.

인쇄 방법(판식)은 판의 형태에 따라 크게 볼록판, 평판, 오목판으로 나뉘는데 볼록판 인쇄는 판화의 원리와 같아 잉크가 묻는 화선부가 잉크가 묻지 않는 비화선부보다 높다. 가장 간단한 구조이며 이해하기도 쉽다.

평판 인쇄

이름 그대로 판의 표면이 평평한 것을 말한다. 화선부와 비화선부가 같은 평면 위에 있고, 볼록판이나 오목판처럼 잉크가 묻는 화선부와 잉크가 묻지 않는 비화선부를 면의 오목 또는 볼록으로 나누어놓지 않는 판

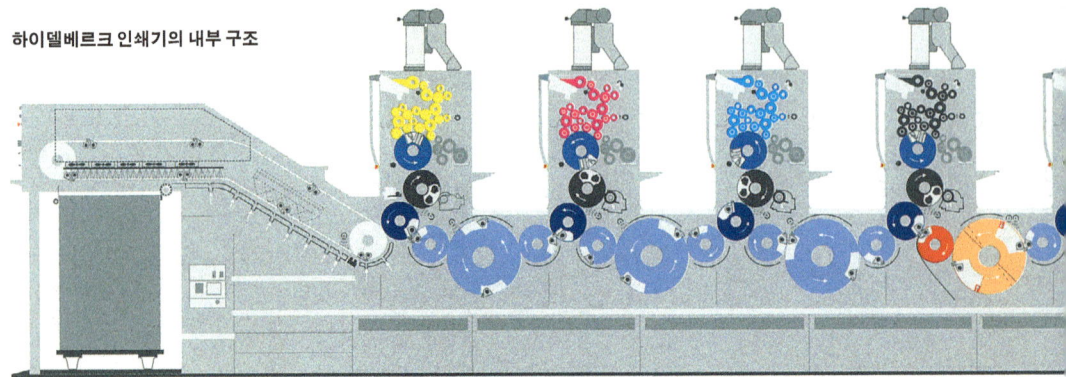

하이델베르크 인쇄기의 내부 구조

식이다.

평판 인쇄는 물과 기름의 반발작용을 이용하는데, 인쇄 잉크는 대부분 유성이기 때문에 물기가 있는 부분에는 수분과 기름이 서로 반발하여 잉크가 스며들지 못한다.

친수성인 비화선부는 먼저 묻은 수분이 잉크를 받아들이지 않고, 친유성인 화선부는 물을 배척하고 잉크를 끌어들인다.

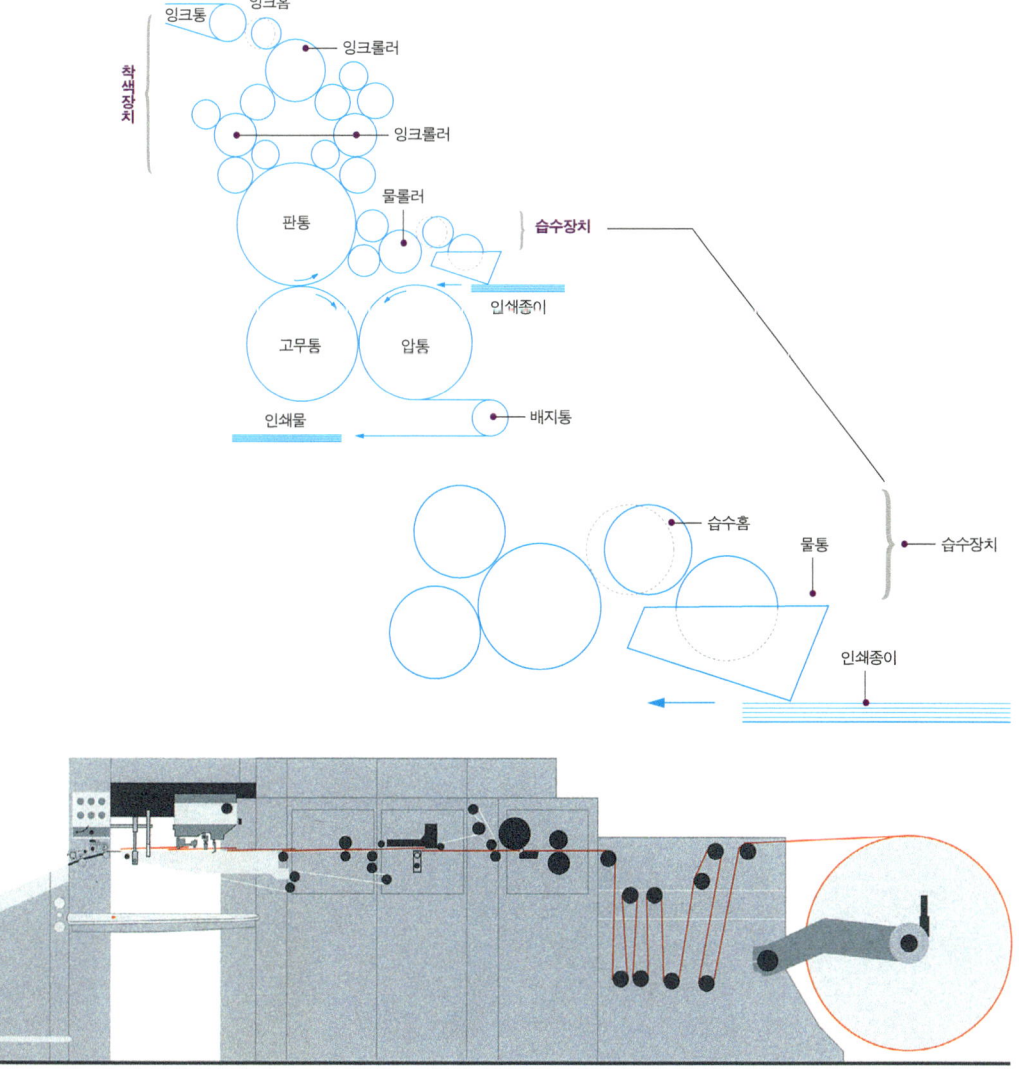

평판 인쇄는 '오프셋 인쇄'라고도 불리지만, 엄밀히 말하면 평판이 곧 오프셋은 아니다. 오프셋은 판에서 곧장 종이에 인쇄하는 것이 아니라 잉크를 고무 블랭킷으로 전사(轉寫)한 다음 종이에 인쇄하는 방식이다.

평판 인쇄기의 원리

① 급지장치

인쇄기에서 종이를 순차적으로 보내기 위한 여러 장치를 말한다. 급지장치는 인쇄 속도와 관련되어 있기 때문에 인쇄가늠을 정확히 맞추어야 한다.

- 점검사항 : 두 장이 동시에 급지되면 급지 높이가 올바른지, 종이 표면에 정전기가 발생하지 않는지, 종이를 흡착하여 옮기는 장치(고무)에 이상이 없는지 등을 체크해봐야 한다.

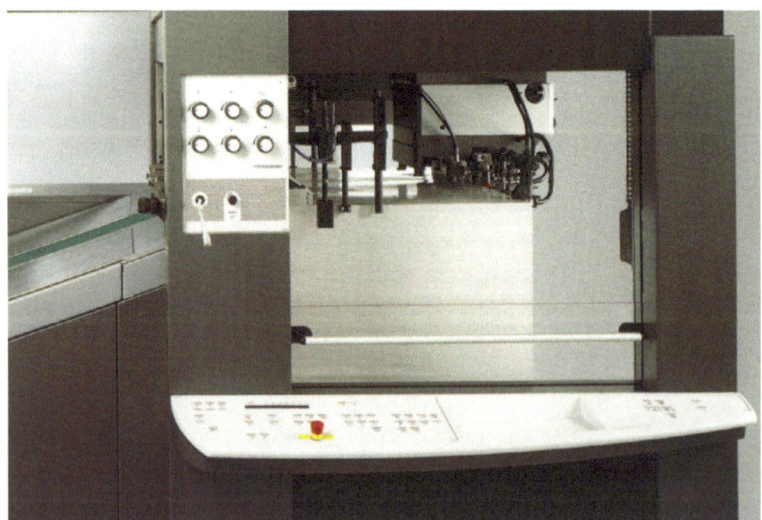

급지장치

② 인쇄장치

인쇄판과 고무 블랭킷과 압통의 장치로, 인쇄 도수에 따라 여러 개가 있다. 대개 낙타의 등처럼 생긴 부분이 한 개면 1도 인쇄기, 두 개면 2도 인쇄기, 네 개면 4도 인쇄기이다.

③ 습수장치

평판 인쇄는 물과 기름의 반발작용으로 이루어지는 만큼 인쇄기의 판면을 물로 축여줘야 잉크가 묻는 곳(화선부)과 잉크가 묻지 않는 곳(비화선부)이 구분된다.

④ 잉크공급장치

잉크를 판면에 전달하는 장치이다. 잉크샘, 잉크옮김롤러, 잉크묻힘롤러 등으로 구성되어 있고 필요한 양만큼 잉크를 판면에 공급하는 역할을 한다. 현재는 자동잉크설정장치가 인쇄 전에 잉크량을 조절해주어 시간이 단축되고, 파지가 감소하며, 안정된 인쇄물을 받아볼 수 있다.

- 점검사항 : 잉크가 동일하게 공급되지 않으면 물의 공급량이 많아서 롤러 간의 전이율이 낮아지지 않았는지, 롤러 사이에 이물질이 들어가지 않았는지, 롤러에 표면막이 형성되어 잉크가 되오름되지 않는지 등을 체크해봐야 한다.

잉크공급장치

⑤ 배지장치

인쇄가 완료된 종이가 배출되어 쌓이는 장치이다.

- 점검사항 : 종이가 배지 팔레트에서 튕겨져 나가거나 가지런히 쌓이지 않아 인쇄물의 끝이 말리면 배지 부분의 멈춤장치 등의 불량 여부를 확인해야 한다.

배지장치

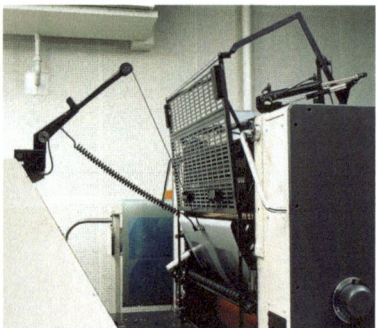
자동 판교환장치

⑥ 자동 판교환장치

인쇄판을 인쇄기에 부착하는 장치이다. 1대를 인쇄한 뒤 인쇄기를 멈추고, 다음 대수를 인쇄하기 위해 인쇄판을 교체한다.

⑦ 3통

판통, 고무통, 압통이 수직형, 직각형, 수평형, 둔각형 등 어떻게 구성되었느냐에 따라 구분된다.

- 판통 : 인쇄판을 감아 붙이는 원통 실린더이다. 이 판에는 습수롤러와 잉크롤러가 접촉하고, 각 1도씩 한 개의 판을 홈에 끼워 장착하게 되어 있다. 보통의 경우 먹, 청, 적, 황의 순으로 걸리며, 인쇄물의 특성에 따라 순서가 바뀔 수도 있다. 이 순서는 화선부의 양, 트래핑(trapping)률과 관계가 있다.

- 고무통(블랭킷) : 판통과 같이 주철로 된 원통으로, 표면에는 고무 블랭

킷을 감는다. 블랭킷에 역상으로 잉크가 전사되고 다시 종이에 옮겨지면 정상적인 이미지가 인쇄된다.
- 압통 : 평평한 금속 표면에 견고한 금속이 코팅된 원통으로, 인쇄에 직접적인 영향을 주는 통이기 때문에 매우 견고하고 평평하다. 압통에는 종이를 물고 회전하는 집게(그리퍼)가 있어 급지된 종이를 물고 인쇄한 다음 집게를 벌려 다음 유닛으로 보내거나 배지부로 전달한다.

오목판 인쇄

볼록판의 반대로, 판면의 오목한 부분에 잉크를 묻혀 인쇄한다. 그 대표적인 방법이 그라비어 인쇄이다. 일반 인쇄에서 오목판이라고 하면 대부분 그라비어다. 비닐, 라면봉지 등에 주로 쓰이며 기술 수준이 높아 대량의 서적 인쇄도 가능하지만 최근 들어 환경문제가 불거져 보편화되지 못하고 있다.

그라비어 인쇄의 장점
- 종이의 제한이 적다. 표면의 평활도가 요구되지만, 아트지가 아니라도 상관없고 표면이 고르기만 하면 된다.
- 잉크 선택의 범위가 넓다.
- 종이 이외의 재료, 즉 셀로판, 비닐, 폴리에틸렌, 금속, 나무 등에도 인쇄하기 쉽다.
- 인쇄 판식 중에서 유일하게 사진의 농담을 제대로 재현할 수 있다.
- 인쇄가 빠르고 대량 인쇄에 적합하다.

그라비어 인쇄의 단점
- 제판비가 비싸다. 소량 인쇄를 하기에는 비경제적이다.
- 문자에 생기는 망점의 문제가 최근에는 그다지 눈에 띄지 않지만, 활

판뿐 아니라 정성 들여 찍은 오프셋을 당해내지 못한다. 다만 흰 글씨 빼기는 예외다.

스크린 인쇄

이진에는 실크스크린 인쇄라고 하여 비단을 스크린으로 사용했지만, 지금은 스틸 또는 나일론그물을 사용한다. 공판 인쇄의 일종이다.

스크린 인쇄는 판이 유연하고 잉크의 피막이 두껍다는 특징이 있다. 그래서 유리나 금속, 플라스틱 등에도 인쇄가 되고 곡면체에도 직접 인쇄가 가능하다. 포스터나 포장용기, 도자기, 유리, 금속 등을 비롯해 프린트 배선 등의 전기회로에도 사용된다. 최근에는 표지 후가공(에폭시)과 패키지 인쇄물에도 활용되고 있다.

오프셋 인쇄 과정

시험인쇄

인쇄기의 각 부위별 조정 작업이 끝나면 가늠을 맞추는데, 상하좌우의 가늠표를 보고 판통의 가늠장치를 조정하거나 판의 위치를 바꿔 완벽하게 맞춰야 한다. 그런 다음 잉크 공급량과 농도, 색상 등이 알맞은지, 잉크 뒤묻음 방지 분말이 적절한지 등을 살펴보고 인쇄물을 최종 확인하여 견본으로 결정해줘야 한다.

본인쇄

견본으로 결정된 인쇄물을 기준 삼아 본인쇄를 시작한다.
- 인쇄 중에 배지부로 나오는 인쇄물을 수시로 꺼내 견본과 동일한지 점검한다.
- 잉크 농도가 올바른지 점검한다.
- 가늠표가 정확한지 점검한다.
- 원고에 이상이 없는지 점검한다.

본인쇄 때의 점검사항
- 인쇄판 부착과 인쇄판 및 블랭킷 세척에 신경 써야 한다. 원색 인쇄는 색 순서대로 인쇄판을 부착하고, 인쇄 도중 인쇄판과 블랭킷 표면에 달라붙은 종이 먼지, 잉크 등 오염물질을 닦아줘야 한다.

- 잉크 공급에 주의해야 한다. 잉크통 안의 잉크량, 잉크를 젓는 속도, 인쇄실의 실내온도, 축임물의 양, 운전 속도 등 모든 조건이 맞아야 한다. 또한 한 권의 인쇄가 완료될 때까지 수시로 인쇄물을 점검해야 한다. 인쇄 견본과 비교해 차이가 없는지 확인하여 잉크 공급량을 조절해야 한다.
- 축임물의 양을 조절해줘야 한다. 축임물이 많으면 잉크가 유화되어 인쇄물이 광택을 잃거나 종이가 늘어나는 등 변형이 생겨 가늠표가 맞지 않고, 반대로 축임물이 적으면 더러움이 발생한다.
- 분말 스프레이를 적절히 사용해야 한다. 잉크 뒤묻음을 방지하기 위해 식물성 파우더를 표면에 뿌리는데, 민인쇄는 파우더의 양을 많이 사용하지만 민인쇄가 아닌 인쇄물은 적은 양을 사용하는 것이 효율적이다.
- 인쇄에도 순서가 있다. 원색 인쇄는 먹(K), 청(C), 적(M), 황(Y)의 순서가 일반적이며 경우에 따라 먹(K), 적(M), 청(C), 황(Y)의 순서로 인쇄한다. 인쇄 순서는 잉크 농도와 잉크막의 두께 등 인쇄 효과를 고려해 정한다.
- 인쇄 완료 후 인쇄물 처리는 가장 중요한 과정이다. 인쇄물이 휘거나 울지 않도록 평평함을 유지해야 하고, 뒤묻음 방지를 위해 나무발받기와 바람넣기도 하고, 잉크가 건조된 후 인쇄물을 제책업체로 이송해야 하고, 인쇄물 송장을 세세하게 작성하여 인쇄 담당자, 다음 작업업체, 수량, 주의사항 등을 반드시 전달해야 한다.

인쇄물의 적재 형태(삼성문화인쇄 제공)

인쇄 때의 주의사항

- 별색은 인쇄지 앞면과 뒷면을 동시에 인쇄해야 하는데, 앞면을 인쇄하고 뒷면을 인쇄하면 색상이 일정하지 않다. 특히 초판과 재판의 별색 농도가 크게 달라지는 경우가 많다.
- 먹 인쇄를 잘하는 기술자가 최고의 실력자이다.
- 인쇄판은 한번에 3~5만 부를 인쇄할 수 있다. 그 이상의 부수를 인쇄할 때는 추가로 인쇄판을 만들어두는 것이 좋다. 그러지 않으면 인쇄물의 선명도가 떨어지고 글씨가 깨지는 현상이 나타난다.
- 필름 보관함에 필름을 보관하는 것이 안전하다. 필름을 비닐로 포장해서 보관하면 계절적 요인에 의해 훼손될 수 있으며, 4색 인쇄물의 경우 가늠표가 제대로 맞지 않는 현상이 나타난다.
- 먹, 청, 적, 황의 인쇄 순서로 잊어버려서는 안 된다. 먹글씨 제목이 진하게 인쇄되어야 하는데, 먹글씨 바탕에 다른 이미지가 보이는 경우가 있다. 이는 먹이 제일 먼저 인쇄되고 나머지 색들이 그 위에 인쇄되었기 때문에 먹이 제대로 재현되지 못한 현상이다. 이런 경우 먹 부분에 청 40% 정도를 만들어주면 먹글씨가 진하게 인쇄된다. 이러한 문제 때문에 먹글씨 위에 한 번 더 인쇄하는 더블톤 방식을 사용하기도 한다.
- 종이의 폭이 넓을수록 인쇄 질이 떨어진다. 인쇄 과정에서는 프레스라고 불릴 정도로 압력을 줘야 하므로 폭이 넓은 종이는 끝을 잡아줘도 종이 뒤쪽이 늘어난다. 따라서 고급인쇄 때는 작은 사이즈의 종이

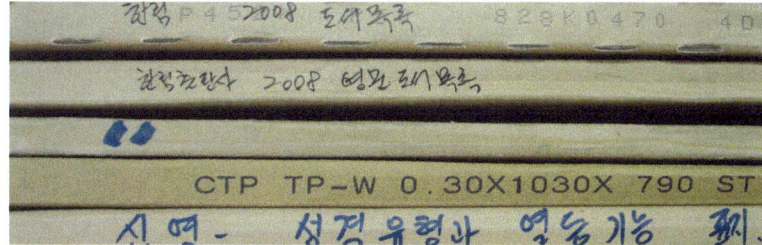

필름 보관 상태

를 사용하는 것이 좋다.
- 인쇄 감리 때 제공한 견본과 실제 인쇄물이 동일한지 점검해야 한다. 사진 또는 그림 원화와 똑같이 인쇄하기는 어렵다. 그래서 인쇄교정지를 참조해 인쇄를 해야 한다. 특히 재판 때 초판과 다른 색상으로 인쇄되는 경우가 많으므로 접지물을 점검하는 습관을 가져야 한다.
- 잉크 농도에 주의해야 한다. 색상을 일정하게 재현하는 것이 중요한데 서체의 굵기에 따라 색상이 다른 경우, 이미지 색상이 진한 경우 등 여러 가지 요인에 의해 영향을 받기 때문에 주의 깊게 살펴봐야 한다.

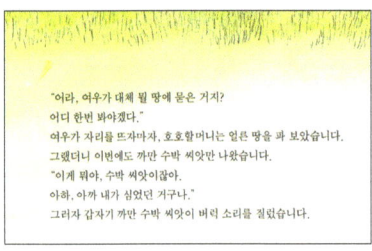
올바르게 인쇄된 글씨

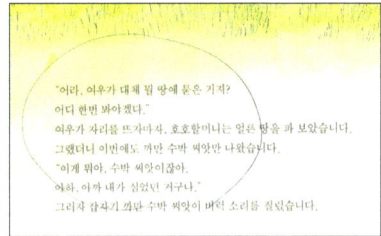
흐리게 인쇄된 글씨

접지물 확인

인쇄 공정에서 무엇보다 중요한 것은 접지물을 챙기는 것이다. 인쇄된 접지물은 1차적으로 인쇄기술자가 색 농도, 페이지, 제목 등 기본적인 사항을 검토하고 첫 페이지부터 마지막 페이지까지 정리해 판형에 맞게 재단한 다음 출판사에 전달하면 출판사는 제작 담당자, 디자이너, 편집자, 마케터, 경영진, 저자 등 단계별로 검토해야 한다. 번거롭게 여겨질지 모르지만 사고를 줄이는 지름길이다.

재판도서 역시 마찬가지다. 특히 본문을 수정한 경우 반드시 인쇄물을 점검해야 한다. 여기서 인쇄물은 본문, 표지, 띠지, 커버, 엽서 등 한 권에 포함된 모든 인쇄물을 말한다.

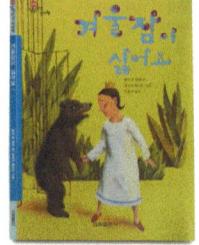
인쇄가 완료된 접지물(본문, 표지)

오프셋 인쇄 과정에서 발생할 수 있는 문제

잉크 오름
원색 인쇄 때 많이 나타나는데, 먼저 인쇄한 잉크 층 뒤에 나중에 인쇄하는 잉크가 다시 묻어나는 현상이다.

종이 뜯김
잉크의 접착력이 너무 강하거나, 종이의 표면 강도가 약하거나, 아트지의 경우 도포 층의 접착력이 약해 종이 표면이 뜯어지는 현상이다.

그림자 얼룩
현장에서는 고스트(Ghost) 현상이라고도 한다. 인쇄기에서 종이가 흐르는 방향에 따라 평행으로 일정한 화선이 다른 화선의 농도에 영향을 주는 것을 말한다. 잉크문힘롤러에서 판면의 잉크 공급량과 소모량의 균형이 맞지 않아 생기는 현상이다.

뒤묻음
먼저 인쇄한 종이의 잉크가 채 마르기도 전에 다음 인쇄지가 겹쳐지면서 종이 뒷면이 인쇄 잉크로 더러워지는 것을 말한다. 인쇄 속도를 낮추거나 분말을 뿌려 조절하는 것이 좋다. 현장에서 가장 빈번한 사고 유형이다. 종이를 잘못 선택했을 수도 있기 때문에 여러 가지 면에서 주의해야 한다.

겹붙음

잉크의 접착성 때문에 인쇄물이 서로 달라붙는 현상으로, 인쇄 과정에서 잉크를 많이 내리거나 인쇄물이 마르지 않은 상태에서 계속 인쇄하기 때문에 나타난다.

가늠 틀림

원색 인쇄에서 각각의 색판이 정확히 맞아야 하는데, 한 개의 색판이라도 어긋나면 제 색상이 재현되지 않는다. 이러한 현상의 원인으로는 기계적 결함, 종이 불량, 제판 불량, 인쇄판 불량 등이 있다.

더러움

판면의 비화선부에 잉크가 묻어 인쇄물이 오염되는 것을 말한다.

유화

평판 인쇄에서 잉크와 축임물이 서로 뒤섞여 엉기는 상태를 말한다. 일반적으로 잉크의 유화가 너무 적으면 잉크 옮김이 나쁘고, 과도하면 더러움의 원인이 된다.

시와 (종이 꺾임)

기계적 결함이나, 종이의 수분 함량이 많거나 일정하지 않을 때 발생하는 현상이다. 특히 겨울과 여름에 많이 발생한다.

이중인쇄

화선부에 음영이 생겨 두 번 인쇄한 것처럼 보이는 현상이다.

그 밖의 인쇄기법

실 인쇄
실(seal)은 주류나 음료수 병마개에 붙이는 장식을 겸한 종이다. 부분적으로 돋음 인쇄(부출 인쇄)를 하고, 우표 모양으로 줄줄이 구멍을 뚫는다.

스티커 인쇄
진열장이나 쇼케이스 유리창에 붙이는 광고 인쇄물을 만드는 인쇄이다.

레테르 인쇄
라벨(label)이라고도 하며 깡통, 병, 상품 등에 붙이기 위한 것이다.

더블톤 인쇄와 트리플톤 인쇄

더블톤 인쇄
풍부한 계조를 얻기 위해 한 원고로 콘트라스트(명암)가 강한 사진판과 연속계조의 사진판을 만들어, 두 번 찍어내어 무게 있게 인쇄하는 것이다.

트리플톤 인쇄
한 원고를 세 번 겹쳐 찍게끔 콘트라스트를 조정하여 사진판을 만든 다음 제판·인쇄하는 방식이다. 원고에 트리플톤이라고만 지정하면 제판자가 이해하지 못하므로, '적 30%＋청 60%＋황 100%'와 같이 색판별로 스크린 선수를 지정해줘야 한다.

금·은 인쇄
금·은색을 인쇄하는 방법으로는 금·은 인쇄와 금·은 붙이기가 있다.

금·은 인쇄
최근 들어 여러 종의 금색과 은색 잉크가 개발되어 각 판식에 안심하고 사용할 수 있게 되었다. 그러나 금·은 붙이기보다는 무게감이 덜하다.

금·은 붙이기
우선 금밑잉크 또는 은밑잉크로 찍어놓고, 이것이 건조되기 전에 금(놋쇠)·은(알루미늄) 분말을 살포해 잉크에 부착시키는 방법이다. 금·은 인쇄보다 광택이 뛰어나지만 이중 공정을 거쳐야 하므로 시간이 오래 걸린다. 거친 종이 면, 특히 한지는 종이의 섬유에 분말이 엉겨붙어 잘 떨어지지 않는다. 가급적 면이 고운 종이를 선택하는 것이 좋다.

식모 인쇄
문자나 그림을 인쇄한 잉크 부위에 정전기를 이용하여 가는 털 조각을 부착시키는 스크린 인쇄 방법이다.

자기 인쇄
화폐, 수표, 유가증권 등과 같은 인쇄물에 자성산화철 가루를 혼합한 자성 잉크로 특수숫자와 기호를 인쇄한다. 까다로운 자성 잉크로 인쇄하는 까닭은 위조를 막기 위해서이다.

카본 인쇄

회사용 복사전표종이 인쇄를 말한다. 뒷면에 복사용 묵사지를 붙여 인쇄하는 것으로, 표면은 평활도가 높고 잉크 부착력이 높지만 뒷면은 잉크 부착력이 낮다.

폼 인쇄

사무용품 중 연속전표 인쇄를 말하는데, 특수한 기술과 기계설비가 필요하다. 폼은 인쇄물이지만 종이 가공이 중점을 이루는 기계로 제작한다.

돋음 인쇄

문자나 도안을 도드라지게 하는 인쇄로 실, 스티커, 레테르, 안내장 등에 사용되는 방식이다. 그 중 하나는 인쇄 잉크를 사용하지 않고 암형과 수형을 만들어 돋음 인쇄하는 것이다. 아연볼록판도 좋으나 황동판에 문자·도안을 오목 조각하여 암형을 만든 다음 석고를 넣어 굳히거나, 암형에 판지를 가압하여 수형을 만든 다음 인쇄기에 걸쳐놓고 종이를 끼워 가압하면 인쇄와 동시에 문자나 도안 등이 도드라져 나온다. B3판 정도까지 인쇄할 수 있다.

또 다른 인쇄 방식은 잉크를 써서 인쇄 문자 면을 도드라지게 하는 것으로 명함이나 레터헤드, 크리스마스 카드, 연하장 등에 사용된다. 특수 잉크로 인쇄하고, 잉크가 마르기 전에 수지질의 분말을 뿌려 가열하면 분말은 잉크와 함께 녹아서 팽창하고, 식으면 그대로 굳어서 잉크가 소복하게 올라온다. 볼록판 인쇄로 잉크를 팽창시킬 때 작은 활자나 가느다란 선은 파묻히기 쉽다.

또 송진이나 플라스틱을 잉크에 합성해 원고에서 수동 조각한 동판을 오목판같이 만들어 인쇄하는 방법도 있다.

인쇄비 단가 조견표

(단위 : 원)

	먹 인쇄		컬러 인쇄		부속	비고
	사륙전지	국전지	사륙전지	국전지		
1,000부	7,000	5,500	7,500	6,000	9,000	
2,000부	6,000	4,500	6,500	5,000	9,000	
3,000부	5,000	3,500	5,500	4,000	9,000	
4,000부	4,500	3,000	5,000	3,500	9,000	
5,000부	4,300	2,800	4,500	3,000	9,000	
7,000부	4,000	2,500	4,300	2,800	9,000	
10,000부	3,800	2,300	4,000	2,500	9,000	

- 부속 인쇄비는 일반적으로 커버, 띠지 등의 인쇄비를 말한다.
- 1만 부 이상부터는 인쇄비를 별도로 협의하는 것이 좋다.
- 출판사에서 주력하고자 하는 도서가 변규격일 경우 인쇄비는 별도로 협의하는 것이 좋다.
- 소량의 부수를 인쇄할 때는 비용을 높게 책정하고, 많은 부수를 인쇄할 때는 비용을 낮게 책정하는 것이 효과적이다.
- 일부 출판사의 경우 먹 인쇄비와 컬러 인쇄비를 구분하지 않고 동일하게 적용하기도 한다.
- 인쇄판비는 대략 도당 7,000~8,000원 선이다. 다만 수입판의 경우 10,000원이 넘고, 재생판을 사용하는 경우 단가가 달라진다.

7장
후가공, 작지만 색다른 변화를 준다

인쇄가 완료된 인쇄물의 재질과 형태에 따라 진행되는 모든 과정을 후가공이라고 한다. 비중이 크지 않고 간단해 보이지만 아주 중요한 공정이 후가공이다. 미세한 부분을 강조하면서 산뜻한 이미지를 창출해내기 때문이다. 즉 인쇄물의 퀄리티와 완성도를 높이고 새로운 것을 찾는 독자들의 미감을 충족시키기 위해 다양한 디자인이 가미되는 반면에 후가공을 하지 않아도 되는 부분에 사용한다는 것이다.

코팅과 라미네이팅

제작 담당자만 실수하지 않으면 코팅 사고는 거의 발생하지 않는다. 제작 과정에서 작업지시서(발주서)를 정확히 기재해 팩스로 전달해야 하는데, 전화로 유광 또는 무광으로 해달라고 요청하는 경우가 많다. 이때 제작처에서 유광과 무광을 잘못 알아들으면 사고가 난다. 유광이라고 말하면 제작처에서 '반짝이'이냐고 되묻곤 한다. 따라서 정확하게 작업 지시를 해야 사고를 예방할 수 있다. 또 종이나 인쇄 방식에 따라 코팅이 달라지는데, 이를 무시하면 대부분 사고로 이어진다.

코팅 또는 라미네이팅을 하는 이유

코팅이나 라미네이팅은 표면 광택, 종이 표면 보호, 잉크의 변색 방지, 인쇄물 장식, 내용 위조 방지, 인쇄 효과, 종이의 두께와 견고성을 높이는 역할을 한다. 단, 인쇄물이 완전히 건조된 다음 코팅이나 라미네이팅을 진행해야 안전하다. 코팅은 코팅액을 도포(NU, IR, 수지, 에폭시 등)로 이용하는 것이며, 라미네이팅은 필름을 이용하는 방식이다.

코팅

표면에 액상의 코팅액을 발라서 건조시켜 광을 내는 방법이다. 가격이 라미네이팅보다 저렴하며, 내습성은 좋은데 내절성이 나쁘다. 꺾인 부분이 깨짐이 크다(일반적으로 꺾이는 부분이 깨지기 때문에 선압(오시)를 넣어 작업한다).

미싱 기계
고주파 공정
넘버링 기계

코팅은 광택, 표면보호, 잉크의 변색방지, 방습, 내약품성, 장식, 위조방지, 인쇄효과, 용지의 강인성과 두께감을 증대시키기 위해 사용한다. 표면에 광택을 낸다는 면에서 코팅의 기능은 모두 같으나 약품이 서로 다르고 코팅 방식에서 조금씩 차이가 난다. 코팅은 인쇄물이 완전히 건조된 후 작업해야 함은 물론 코팅한 다음에도 완전히 마른 다음 제책해야 한다. 코팅이 끝난 다음 박이나 모양 따내기 등 후가공 작업에 들어가게 된다.

코팅에서도 인쇄와 마찬가지로 가장자리에는 코팅이 되지 않는 부분이 존재하며 가장자리에 약 7~8mm 정도 코팅이 되지 않는다. 가끔 최대한 용지를 살려야 하는 특수한 제품일 경우 인쇄소뿐만 아니라 코팅업체와도 상의해야 최대한 실수를 줄일 수 있다.

바니시 코팅

인쇄 완료 후 완전히 건조된 다음 인쇄기에 바니시를 투입해 추가로 1도 인쇄를 하는 방식인데, 얇고 광택이 나는 무색 코팅이다. 특정 부분을 두드러지게 하는 부분코팅으로, 아이들의 입에 쉽게 닿을 수 있는 인쇄물에도 바니시 코팅을 한다.

UV 코팅

인쇄물의 특정 부분에 경화액을 바르고 자외선 UV 램프를 통과시켜 코팅하는 방식이다. 출판물의 표지에서 제목이나 특정 부분을 돌출하기 위해 주로 사용한다. 이때 유광 UV와 무광 UV를 잘 선택해야 한다. 단점은 코팅막이 얇아 손으로 쉽게 찢어지고, 수지판을 별도로 만들어야 하므로 필름을 1벌 더 출력해야 한다는 것이다. 주로 책 표지, 의류상표의 태그, 수출용 엽서 인쇄물에 많이 사용한다.

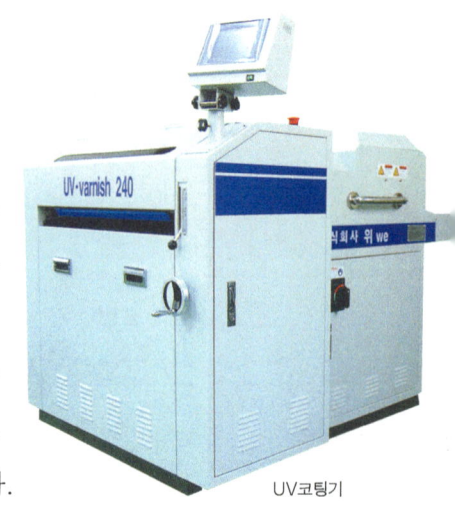

UV코팅기

CR 코팅

인쇄면의 광택과 내수성을 높이기 위해 비닐 용액을 바르는 방식이다. 유아용 도서에 주로 사용한다. 인체에 해롭지 않고, 일반 코팅보다 저렴하기 때문에 많이 사용한다.

파라핀 코팅

왁스를 가열하여 용해한 용액을 거쳐 나오는 방식으로, 식료품 포장이나 종이컵에 사용한다.

에폭시

현재 책표지에 다양하게 활용되는 방법 중 하나이다. 에폭시 가공은 스크린 인쇄(실크 인쇄) 방식이며, 스테인리스 등으로 제작된 사각 틀에 나일론, 섬유, 스테인리스 스틸 등으로 짜여진 망사를 고정시켜 만든 인쇄판을 사용한다. 망사에 따라 감광액을 도포하여 광학적인 방법으로 인쇄하고 싶은 부분만 노출시키고, 그 틀 위에 목적에 맞는 잉크를 도포하여 '스퀴지'라는 도구를 통해 가압한 다음 순간적으로 경화시키는 원리이다. UV 광을 이용한 순간 경화 방식이기 때문에 스크린 망사의 두께만큼 고유의 두께를 형성하게 된다.

에폭시의 장점

- 첫째, 기존에 유광 라미네이팅 후 형압을 했던 방식을 탈피하여 무광 라미네이팅 후 부분 유광으로 다양한 디자인 효과를 살릴 수 있다.
- 둘째, 너무 넓은 면적이 아니라면 여러 부분에 산개하여 추가 비용 없이 가공할 수 있다.
- 셋째, 두께를 선택할 수 있기 때문에 디자인에 맞는 도막 높이를 조절할 수 있다.

에폭시 가공 때의 주의사항

- 첫째, 가장 먼저 주의해야 할 점이 종이 선택이다. 에폭시 가공은 습기에 굉장히 민감한 작업이다. 요즘은 잉크 원자재의 개발로 작업 시간이 크게 단축되었지만 아트지의 경우 적지 않은 문제점을 가지고 있다. 아트지 생산 과정에서 포함되는 여러 성분이 연질 성분인 에폭시 도막과 화학반응을 일으키며 접착되는 경우가 많다. 온도와 습도에 민감한 에폭시 가공에서 발생하는 문제 중 약 95% 이상을 차지하지만 여전히 완벽하게 해결하지 못하고 있다. 종이를 스노지 계열로 바꾸면 납기를 단축하고 불량률을 크게 낮출 수 있다.
- 둘째, 에폭시 잉크는 딱딱한 성분의 경질과 좀더 부드러운 연질로 나뉜다. 경질 성분이 많이 함유된 잉크를 사용하면 에폭시 도막과 종이 표면이 접착되는 과정에서 생기는 사고율이 크게 줄어드는 반면 접히거나 재단되는 부분의 잉크가 깨져버리는 문제점을 가지고 있다. 그와 달리 연질 성분의 잉크는 꺾임과 재단에 강한 반면 접착 사고율이 높다. 각 업체마다 사용하는 잉크가 다르기 때문에 제조업체의 잉크 성분을 미리 파악해두는 것이 좋다.
- 셋째, 일반적으로 표지의 경우 라미네이팅 공정을 거치며 오프셋 인쇄면 위에 부분적으로 에폭시 가공을 하는 경우가 많다. 적게는 두 번, 많게는 서너 번의 공정을 거치며 신축이 생긴 표지 위에 정확히 가늠을 맞춰 작업하기란 어렵다. 에폭시 가공을 할 부분은 가능한 한 한군데로 몰아두는 것이 좋다.
- 넷째, 에폭시 가공에서 도막 두께가 높은 인쇄물을 얻으려면 다음과 같은 조건이 충족되어야 한다.

    작은 포인트의 글씨나 작은 부분들이 없을 것.
    라미네이팅(특히 무광 라미네이팅)을 할 것.

아트지 계열 종이는 피할 것.

실제로 에폭시 가공은 '스크린 코팅' 또는 '실크 코팅'이라 불리는 게 맞는 표현이다. 많은 사람들이 실크 코팅과 에폭시 코팅을 별개의 가공이라고 생각하는데, 둘 다 스크린(실크) 인쇄 방식이며 잉크, 망사의 두께 등에 따라 도막 두께가 조절된다. 스크린 인쇄를 통한 가공 방법은 다양하며, 이 방식을 제대로 이해하면 보다 특색 있고 멋진 효과를 추구할 수 있다.

라미네이팅

유광 라미네이팅과 무광 라미네이팅

유광 라미네이팅은 인쇄 잉크의 발색을 높여주고 인쇄물의 화려함과 색 대비가 강하게 나타난다. 반면, 색 대비가 세련되지 못하거나 촌스러워 보일 수도 있다.

무광 라미네이팅은 인쇄된 색상을 안정감 있게 보여주고 인쇄물의 품위를 높여준다. 반면, 흰 종이나 검은 바탕의 인쇄물은 손자국 등으로 지저분한 느낌을 주면서 낡아 보이는 단점이 있다.

습식 라미네이팅과 건식 라미네이팅

습식(유광·무광) 라미네이팅은 통상적으로 수성 습식 방식이며, 자연건조 방식이기 때문에 건식보다 시간이 오래 걸린다. 롤러에 말려서 건조를 하므로 얇은 종이에는 바람직하지 않다. 엠보싱지에 알맞은 반면 전면에 진한 잉크로 인쇄된 경우는 피하는 게 좋다.

건식(유광·무광)은 접착용제에서 휘발성 냄새가 나며 습식과 기계구조가 다르다. 즉 기계에서 열 건조 과정으로 말리기 때문에 시간이 단축된다. 현장에서 보면 인쇄 방식과 같이 낱장으로 라미네이팅이 되어 쌓인다.

라미네이팅 작업물 점검

제작 과정에서 유광으로 할지, 무광으로 할지 쉽게 판단되지 않으면 인쇄교정지(4장)를 라미네이팅업체로 보내 유광과 무광으로 샘플을 만들어달라고 하면 도움이 될 것이다. 코팅된 인쇄물을 받았을 때 찢어보는 것도 좋은 방법이다. 코팅지에 잉크만 묻어서 찢어지는지, 종이와 같이 찢어지는지, 코팅지만 찢어지는지에 따라 이상 유무를 판단할 수 있다. 올바르게 코팅되었다면 종이와 같이 찢어진다.

폴리에스테르 필름

접착제가 묻은 필름으로 양면을 접하는 방식이다. 회원증, 신분증, 메뉴판 등에 사용한다.

폴리에스테르 필름으로
양면을 라미네이팅하는 모습

박 찍기

박(箔)을 찍을 대상물(표지)에 금속종이를 놓고 그 위에 형틀(동판)을 갖춘 글자판을 열과 함께 힘을 가하면 글자 모양이 종이에 고정되는 것이다.

박의 비용

박은 동판 크기, 수지의 유무, 분량에 따라 비용이 달라진다.

박의 종류

유광과 무광은 기본이고 황금색(노란색), 적금색(붉은색) 등 금·은색의 종류가 다양하다. 최근에는 홀로그램(신용카드)과 색박도 사용한다. (금장은 별개의 작업)

박 견본

동판

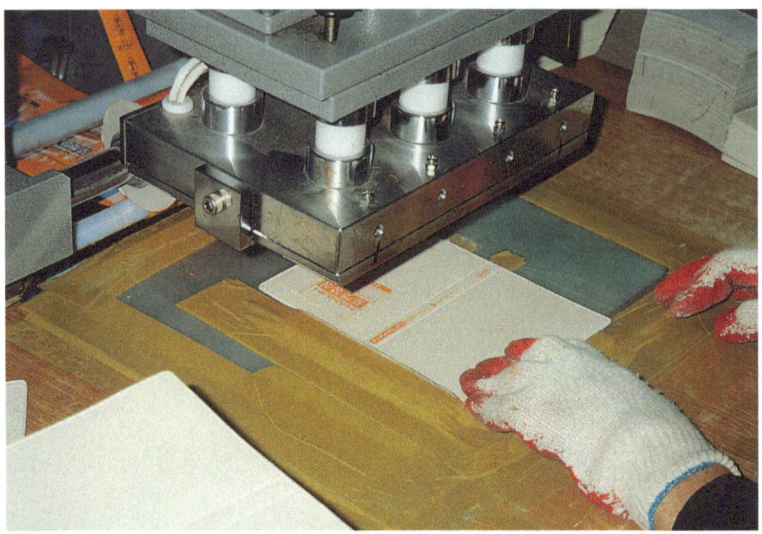

홀로그램 재료를 사용해 박을 찍는 기계

원고 작업

박으로 나타낼 부분의 원고는 4원색과는 별도로 필름(포지티브)을 따로 출력한다. 박이 사용될 위치를 정확히 확인할 수 있는 출력물(교정지 등)이 필요하다.

고주파 금박 때의 주의사항

고주파 금박(비닐 표지에 금박을 한 것)에서는 한자 또는 한글이 뭉치는 현상이 잦기 때문에 서체를 사용하는 데 주의해야 한다.

고주파 금박 작업물

왼쪽 표지의 경우 초판 제작 때 책등에 천을 이용해 은박으로 작업했지만 제목과 저자 이름이 선명하지 않아 재판 때 인쇄지로 변경해 제작한 것이 오른쪽 표지이다. 종이와 잉크의 관계를 정확히 이해하지 못하면 발생하는 실수이다.

위쪽 인쇄물에 없는 글씨를 금박으로 처리한 경우

모양따기

도무송, 톰슨 가틀 맨 바깥 테두리는 칼로 되어 있고 나머지 선들은 누름 자국을 주기 위한 무딘 철로 되어 있다. 그리고 이 칼은 나무에 위치를 정해 고정되어 박혀 있는데, 이 나무판을 목형이라고 한다. 이 판을 톰슨기에 넣어 종이를 하나씩 재단하는 것을 모양따기(도무송)라고 한다.

모양따기를 한 제품

모양따기 제작을 할 경우 반드시 제작업체와 협의해서 진행해야 한다. 아주 미세한 부분에서 만족스럽지 못한 결과를 초래하기 때문이다. 특히 디자이너들이 실제로 디자인한 수치와 다른 경우가 많다. 여러 변수를 감안해 사전에 협의한 다음 인쇄를 해야 안전하게 모양따기 작업을 진행할 수 있다.

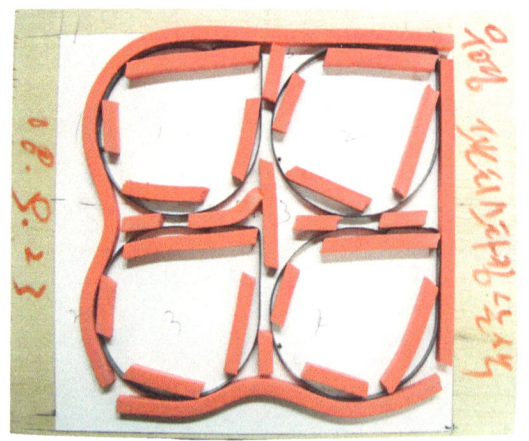

목형

모양따기를 적용한 제품

목형 기계

귀돌이

모서리를 부드럽고 둥글게 재단해주는 작업이다. 이때 주의해야 할 점이 있다.

첫째, 양장도서의 표지 인쇄지를 합지에 부착하는 경우 표지 종이가 너무 두꺼우면 제대로 접착되지 않는다. 특히 수입지는 국내에서 사용하고 있는 평량과 다르기 때문에 더욱더 주의해야 한다.

둘째, 귀돌이는 일반 제책비보다 비싸고 공정 기간도 길다. 이러한 점을 고려해서 시간적 여유를 줘야 한다.

셋째, 일반 인쇄물보다 손실이 많기 때문에 여분을 여유 있게 제공하는 것이 좋다. 그러지 않으면 제작 과정에서 부족분이 발생한다.

귀돌이 형태

미싱

티켓이나 영수증, 우표, 지로종이 등 분리하여 보관하는 인쇄물에 사용한다. 절단선에 맞춰 뜯기 쉽게 작은 바늘구멍을 내는 작업이다. 중앙에 위치한 칼날로 일정하게 구멍을 낸다.

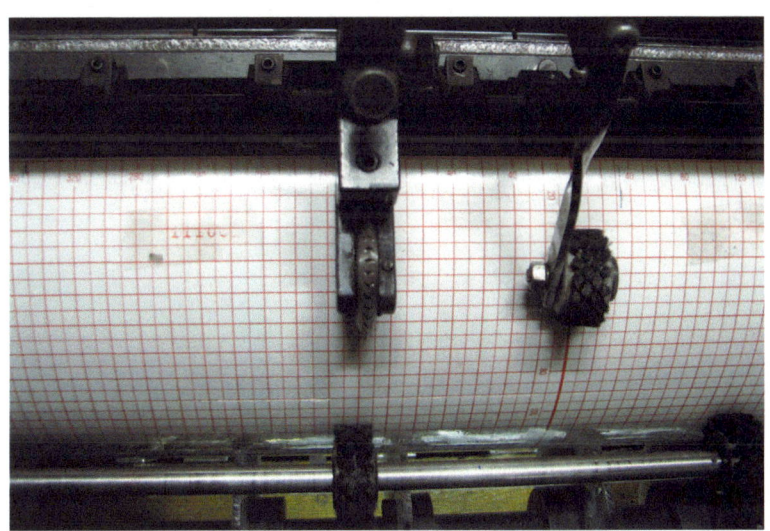

미싱기계

우표 인쇄물

7장 | 후가공, 작지만 색다른 변화를 준다

넘버링

복권, 초대장, 극장 및 공연 좌석표 등 일련번호가 필요한 인쇄물에 사용한다.

넘버링 기계

넘버링 인쇄물

8장
원가분석과 손익분기,
합리적이고 체계적인 시스템을 구축하라

모든 제작 공정과 단가를 이해하고 출판사의 내부 상황을 이해한다면 꼭 지켜야 하는 것이 원가분석이다. 또한 출판제작의 하이라이트이면서 가장 취약한 부분이 원가분석이다. 하지만 아직도 정확한 데이터 없이 경험적인 느낌만으로 가격, 부수 등을 결정하는 출판사들이 많다. 이제는 합리적이고 체계적인 분석을 해야 한다. 과거와 달리 다양한 이벤트, 높은 할인율, 판매 저조 등 출판 시장이 더욱더 열악해지고 있는 상황에서 원가계산을 통한 출판제작의 시스템화는 매우 중요하다. 정확한 원가분석은 안정적인 출판사를 구축해가는 밑바탕이다.

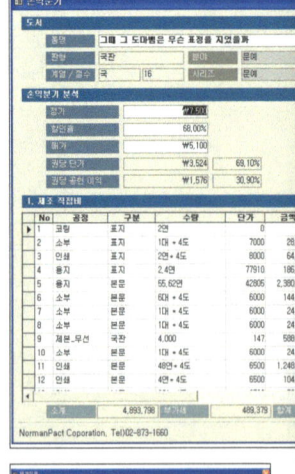

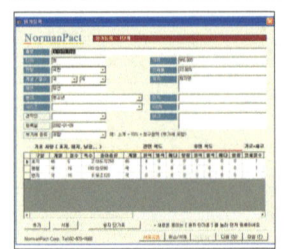

원가분석이 왜 중요한가

한 권의 도서 또는 전집을 출판해 독자에게 제공할 때 가격을 어떻게 책정하고, 몇 부를 발행해야 이익이 되는지를 판단하는 자료가 필요하다. 특히 시장조사 과정에서 다른 출판사의 유사 도서를 근거로 가격을 정하는데, 이는 아주 잘못된 관행이다. 모든 출판물은 제작비용이 제각각이기 때문에 세부 자료를 근거로 예측하고 판단하지 않으면 안 된다.

원가분석을 하는 목적은 다음과 같다.

첫째, 이윤을 창출하기 위함이다.

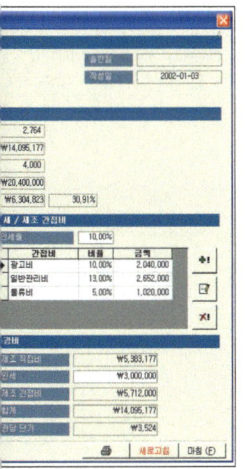

출판사는 문화사업체이기 전에 이익을 도모하는 기업이다. 출판사도 기본적으로 조직이 구성되고 제조비가 발생하기 때문에 이익을 목적으로 하지 않으면 안 된다.

둘째, 정확한 원가를 산출하기 위함이다.

제작하는 도서마다 원가가 다르고, 신간을 제작할 때 특히 주의해야 할 점은 편집, 디자인, 제작 과정에서 사고가 발생하면 반드시 원가계산에 추가해야 한다는 것이다. 또한 초판과 재판의 원가를 구분하여 산출해야 한다. 초판에는 띠지가 있었지만 재판 때는 띠지가 없어지거나, 재판 때 가격을 인상하는 등 변동사항이 있으면 다시 정확한 원가를 산출해야 한다.

셋째, 매출이익을 통해 예측 가능한 경영을 하기 위함이다.

출판사들이 가장 취약한 부분 중 하나가 경영 부재이다. 한 권의 도서를 출판할 때 몇 부를 제작해 몇 부를 판매해야 하고, 매출에서 인건비, 인세, 제작비, 유통마진 등을 제외하고 나면 얼마나 이익이 되는지를 예측하고, 전체적으로 발행되는 도서들이 부수에 따라 또는 판매주기에 따라 얼마나 이익을 창출하는지를 파악하고 있어야 한다.

넷째, 제작 부수를 결정하기 위함이다.

판매 가능한 부수를 결정하는 것이다. 초판에서 판매되는 부수와 재판에서 판매되는 부수는 다르다. 초판의 경우 신간 배본 후 추가 주문을 받아야 판매량을 예측할 수 있으며, 재판의 경우 지속적으로 판매되고 있는지, 갑자기 판매 부수가 줄어들지 않는지를 잘 판단해야 한다. 제작 부수는 가격 결정과 매출, 물류비 등에 영향을 미치기 때문에 아주 신중하게 결정해야 한다.

다섯째, 책값을 결정하기 위함이다.

아직도 대다수 출판인들이 도서 정가를 안일하게 책정하는 것 같다. 서점에서 유사한 경쟁도서를 분석한 후 비슷한 가격을 책정하는데, 아주 잘못된 방식이다. 한 권의 도서 안에는 다양한 요소가 들어가 있다. 그 요소 하나하나를 정확히 적용해 제작 부수 대비, 매출 대비, 독자층의 가격저항, 이윤 창출, 재판 때의 가격저항 등을 고려하여 결정해야 한다. 서점 시장조사는 경쟁사의 도서 가격을 검토하는 것일 뿐, 그것을 근거로 자사 도서의 정가를 결정해서는 안 된다.

여섯째, 저자와 인세를 협의할 때 근거자료가 된다.

저자들은 인세를 아주 중요시한다. 그런데 전체 제작비에서 인세가 차지하는 비중은 높은 편이다. 물론 원고의 형태에 따라 달라지지만, 인세가 높을수록 출판사의 부담은 커질 수밖에 없다. 원가분석에서 인세가 너무 높게 책정되면 저자와 협의를 해야 하는데, 이런 경우 반드시 근거자료가 필요하다. 예를 들어 갑자기 사진자료가 추가되었거나, 종이가 고급지로 변경되었거나, 소량 제작으로 인해 제작비가 높아졌다면 그에 맞는 근거자료를 가지고 저자와 협의해야 한다.

원가분석의 구분

원가분석은 크게 직접비와 간접비로 구분한다.

직접비
기획료, 교정교열비, 스캔 및 출력비, 제판비, 인쇄비, 제책비, 코팅비, 종이 비용, 후가공비(박, 형압, 케이스 등) 등이 포함된다. 특히 주의해야 할 점은 초판 제작비 원가와 재판 원가의 차이가 크다는 것이다. 재판의 경우 초판과 달리 스캔 및 출력비, 제판비, 교정교열비, 디자인비 등을 제외하고 원가를 책정하기 때문이다.

간접비
광고비, 인세, 물류비, 일반관리비 등이 포함된다.
원가에 포함되는 비용에는 고정으로 발생하는 비용과 유동적인 비용이 있다. 초판은 발행 부수가 많은 경우와 소량으로 제작하는 경우의 비용이 다르며, 재판을 거듭할 때도 손익계산이 달라지므로 신중하게 제작 부수를 결정해야 한다. 제작비가 적게 든다고 대량으로 생산해 재고가 누적되면 회사 사정이 어려워질 수 있기 때문이다.

직접비의 구성 요소

기획료

출판사에서 시리즈를 출간하고자 할 때 내부에서 기획해 진행하기도 하지만 외부 인원을 활용하기도 한다. 이때 기획위원 또는 기획 담당자에게 일정 금액을 지불하는데, 계약 방식에 따라 매절 계약과 인세 계약이 있다. 특히 인세 계약을 할 때는 신중하게 결정해야 한다. 인세 관리도 문제이지만 저작권을 명시해야 하는 것이다. 기획료는 무에서 유를 창조하는 행위이므로 금액 책정은 천차만별이다.

편집원고료

출판하기로 결정한 원고의 내용을 지면에 담아내고 인쇄물로 표현해 제작하려면 비용이 들게 마련이다. 세부적으로 취재비, 편집비, 원고료, 그림사용료 등이 있다.

사진료

출판하기로 확정한 이미지를 촬영, 현상, 분해해 인쇄물로 사용하도록 데이터화하는 작업에 드는 비용이다.

디자인비

지면에 글과 그림, 사진, 일러스트, 도표 등을 시각적으로 조화롭게 표현하는 데 드는 비용이다. 한 권의 도서에서 표지, 본문, 화보, 띠지, 커버, 각종 홍보물에 이르기까지 총체적으로 디자인해 만족스런 결과물을 만들어냈을 때 발생하는 인건비라 할 수 있다. 디자인비는 작업 난이도에 따라, 또 전체 분량에 따라 달라질 수 있다.

예를 들어 표지만 외주 처리하거나, 표지와 본문을 비롯해 홍보물과 광고까지 외부에 의뢰할 수 있다. 또 기획사에 개인적으로 의뢰하지 않고 회사 대 회사로 계약하기도 한다.

조판 및 교정교열비

저자가 제공하는 원고지 또는 컴퓨터로 입력된 데이터를 넘겨받아 기획편집자의 의도에 따라 디자인, 편집하는 작업에 드는 비용이다. 편집 담당자는 레이저 프린트 교정지를 출력해 3교 이상 교정교열한 후 최종 데이터를 넘겨준다. 일반적인 단행본과, 판형과 디자인이 복잡해서 작업 난이도가 높은 도서를 구분하여 쌍방 합의 하에 책정하는 것이 효율적이다.

- 조판비 : 페이지 수×단가
- 원고 입력비 : 원고지 1매×단가
- 교정교열비 : 원고지 1매×단가

스캔 및 출력비

보통 스캔과 필름 출력은 외주업체에 의뢰하기 때문에, 원활한 커뮤니케이션과 정확한 데이터 제공으로 서로 실수하지 않도록 하는 것이 무엇보다 중요하다. 편집자의 기획 의도에 따라 본문에 사진, 그림, 도표 등을 사용하고자 하는 경우 인쇄 방식에 맞춰 원고를 스캔해야 한다.

비용은 단색과 원색이 다르며, 기본 사이즈는 기본단가를 적용한다. 이미지 자료의 사이즈가 큰 경우 '가로×세로×단가'로 비용을 계산한다. 대량으로 스캔할 때는 별도로 협의하여 단가를 책정한다. 또 스캔 담당자가 다량의 이미지를 오려내기 하는 경우 그에 맞는 대가를 지불해야 한다.

필름은 단색, 2색, 원색, 별색 등 색분해를 하고 텍스트와 이미지를 대치해 필름 선수와 인쇄, 제책 방식, 종이 선택 등에 맞춰 출력한다. 이때 본문과 표지, 홍보물, 엽서, 띠지 등 부속물의 종이를 확인하고 출력하는 것이 중요하다. 그래야 필름 출력비와 종이 비용 등을 절감할 수 있다. 가장 많이 사용하는 판형을 기준으로 기본단가를 책정하고, 그 외에 변형된 출력물은 별도로 협의하여 단가를 적용한다.

교정은 인쇄교정과 컬러프린트 교정으로 나누며, 도당 단가를 책정해 교정비를 산출한다.

터잡기 및 인쇄판비

터잡기(판짜기, 판배치, 하리꼬미, 대첩) 비용은 인쇄하기 전에 인쇄대수별로 필름을 만드는 데 드는 비용이다. 판짜기는 낱장 페이지로 출력해 제판실에서 수작업하기도 하는데, 가늠표가 부정확하거나 수정필름이 제자리에 들어가지 않을 수 있으며, 필름 상태가 양호하지 않을 수도 있다. 요즘은 본문이나 부속물을 인쇄 방식과 제책 방식에 맞춰 전지로 출력한다. 수작업보다 간편하고 정교한 데다 별도의 비용 없이 판짜기를 해주기도 한다. 그러므로 인쇄판짜기로 출력하면 제판비를 줄일 수 있다.

인쇄판은 알루미늄판, PS판 등 여러 종류가 있는데, 오염물질이 적고 인쇄 품질과 내쇄력이 강한 PS판을 주로 사용한다. PS판은 국내판과 수입판, 신판과 재생판으로 구분한다. 수입판은 국내판보다 망점 표현이 우수하며, 재생판은 인쇄 얼룩이 생기기 쉬우므로 고급인쇄를 할 때는 피하는 것이 좋다.

요즘은 인쇄판에 직접 데이터를 출력하는 CTP 방식을 사용해 필름 출력과 판굽기(소부)를 생략하기도 한다. CTP 방식은 시간이 단축되고 낮은 농도의 망점 표현이 뛰어나지만, 재판 때 수정사항을 반영하기 쉽다는 잇점이 있다.

종이 비용

표지, 본문, 면지, 엽서, 홍보물, 띠지, 커버 등 인쇄물 일체의 종이에 소요되는 비용이다. 인쇄에 소요되는 수량을 계산할 때는 정미와 여분을 구분해야 한다. 인쇄종이는 연당·톤당 단가로 표시하며 제지회사와 지업사의 할인율에 따라 단가가 다양하게 형성되어 있다. 종이 단가는 지업사에서 제공하는 단가표를 참조하면 된다. 특히 종이 가격은 변동이 심하므로 최근 단가에 유의한다.

인쇄비

인쇄 잉크에 따른 인쇄 도수, 인쇄기 규격에 따른 통수와 연수, 인쇄 단가로 인쇄비를 산출한다.

인쇄 잉크에 따른 인쇄비 산출
인쇄비는 '연(500매)×인쇄 도수×인쇄 단가'로 계산한다. 인쇄 단가는 사용하는 잉크 수량과 인쇄 물량에 따라 다르게 적용된다.

인쇄기 규격에 따른 통수
원가 절감, 인쇄 품질, 후가공 방법 등을 고려해 인쇄기를 선정하는 것은 매우 중요하다. 일반적으로 많이 사용하는 인쇄기는 판형에 따라 사륙전지기, 사륙반절기, 사륙4절기, 사륙5절기, 국전지기, 국반절기 등이 있다. 사륙전지기는 인쇄하기 불편하며 종이 신축성이 강하고 인쇄의 정밀도가 낮아서 주로 대형 포스터나 만화 등을 인쇄할 때 사용한다. 그

밖의 인쇄기들은 인쇄물의 성격에 따라 적절하게 활용한다.

인쇄 단가 책정

인쇄 단가는 업체마다 다르며, 인쇄 수량에 따라 서로 협의해 결정한다. 대량으로 인쇄할수록 인쇄 단가가 저렴해진다.

예를 들어 신국판(153mm×225mm) 판형에 본문은 288쪽, 면지는 백면지, 제작 부수는 1,000부이고, 본문과 표지가 각각 4도인 인쇄물을 제작하는 경우 인쇄 단가는 다음과 같이 책정한다.

- 표지 인쇄비 : 표지(날개 있음)는 사륙전지에 여섯 장을 인쇄할 수 있다. 1,000부를 인쇄하는 경우 167장, 즉 0.3연(R) 정도가 필요하다. 1연 이하인 경우 인쇄비는 보통 기본 연수를 적용한다. 즉 '1R×4도×단가'로 계산한다.
- 본문 인쇄비 : 본문 종이는 국전 종목을 사용하며, 인쇄비는 정미만 계산하면 된다. 인쇄종이 정미는 18연(288쪽÷32쪽×1,000부÷500매)이다. 따라서 '18R×8도(앞면 4도/뒷면 4도)×단가'로 계산하면 된다.

제책비

어떤 인쇄물이든 제책을 먼저 생각하고 제작하면 사고율을 줄이고, 제작 손실을 낮추고, 일정 등을 조절할 수 있다. 제책 방식에 따라 터잡기(판짜기)가 달라지며, 인쇄도 그에 따라 진행된다.

제책비 단가는 제책 방식(중철, 무선, 양장 등)에 따라 다르기 때문에 기본단가는 협의하되 새로운 인쇄물을 제책할 때는 반드시 견적을 받아 봐야 한다.

양장

(페이지＋면지 붙이기＋표지 붙이기)×접지대＋부속대(헤드밴드, 세양사,

가름끈 등)＋표지붙임＋합지대＋후가공(띠지, 커버, 엽서, 인지, 홍보물 등)＝단가×부수

무선
(페이지＋면지 붙이기＋표지 붙이기)×접지대＋날개꺾기＋후가공(띠지, 커버, 엽서, 인지, 홍보물 등)＝단가×부수

중철
인쇄대수 단가＋표지 붙이기＋후가공(스티커, 엽서, 홍보물 등)＝단가×부수

코팅비
필름을 접착하는 라미네이팅과, 약품에 따른 방식으로 나눈다. 라미네이팅은 광택 유무를 기준으로 유광(건식·습식)과 무광(건식·습식)으로 나뉘며, 접착 방식을 기준으로 수성과 유성으로 구분한다. 비용은 '연(R)×단가'이다. 단, 유광과 무광의 단가가 다르고 기본 제작량 이하인 경우 기본단가로 책정한다.

간접비의 구성 요소

일반관리비

가장 많이 지출되는 비용으로 직원의 인건비, 통신비, 사무용품 비용, 활동비 등이 포함된다. 회사마다 적용 방식이 다르지만, 전체적인 비용의 비율은 비슷하다.

광고비

광고비는 광고매체에 인쇄물을 광고할 때 발생하는 비용을 예측해 결정한다. 광고비에 홍보비를 포함하는 회사도 있고, 홍보비를 별도의 직접비로 책정하는 경우도 있다.

물류비

물류창고 보관비, 반품비, 출고비, 재생비 등을 말한다.

기업 이윤

전체 제작비에서 몇 퍼센트를 기업 이윤으로 할 것인가는 초판 제작과 재판 제작을 구분해서 분석한다. 제작 부수와 정가를 결정하는 데 중요한 역할을 한다.

인세

저자와의 계약조건에 따라 다르지만 초판 제작 부수보다 인세를 많이 지급하기도 하고, 매절로 정산하기도 한다. 따라서 제작 부수나 정가에 따라 인세가 부담되는 경우도 있다. 여러 유형을 감안해 협의해야 한다. 인세는 통상적으로 10%에서 협의를 하고 있기 때문에 탄력적인 계약을 하는 것이 중요하다.

손익분기점

손익분기점은 총 제작비용과 이윤이 같아지는 시점이다. 기존 방식에서 벗어나 출판사도 손익분기점을 꼼꼼히 따져보고 원가를 정확히 계산해야 합리적인 경영과 효과적인 마케팅 전략을 세울 수 있다. 예를 들어 제작 부수에 따라 제작비, 정가, 이윤 등 모든 것이 달라진다. 손익분기점 계산은 다음과 같다.

- 매가＝정가×공급률
- 예상 매출액＝매가×제작 부수
- 예상손익＝예상 매출액－손익분기 매출액 또는 '권당 공헌이익×제작 부수'
- 인세＝정가×제작 부수×권당 저작권 사용료(%)
- 광고비〔고정비(총 매출액 대비 지출비용)〕＝예상 매출액×광고비(%)
- 일반관리비〔고정비(총 매출액 대비 지출비용)〕＝예상 매출액×일반관리비(%)
- 물류비〔고정비(총 매출액 대비 지출비용)〕＝예상 매출액×물류비(%)
- 제작비(직접비)＝예상 매출액 대비 제작비
- 손익분기 부수＝손익분기 매출액(직접비＋인세＋일반관리비＋물류비＋광고비)÷매가
- 권당 공헌이익＝예상손익÷제작 부수
- 손익분기 매출액(직접비＋인세＋일반관리비＋물류비＋광고비)＝매가×손익

분기 부수

- 권당 단가=손익분기 매출액(직접비+인세+일반관리비+물류비+광고비)÷제작 부수
- 총 판매액=정가×서점 공급률×총 발행 부수

발주서 예시

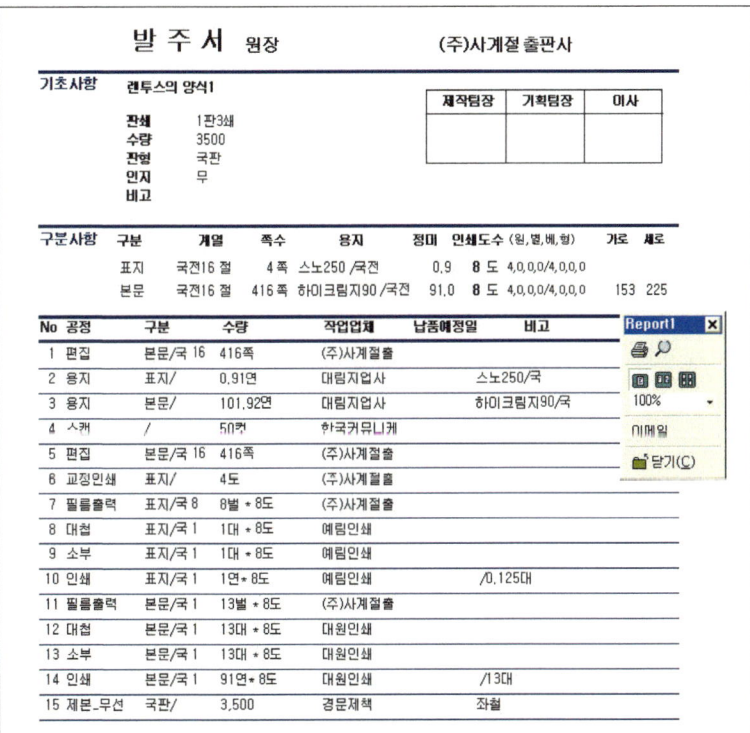

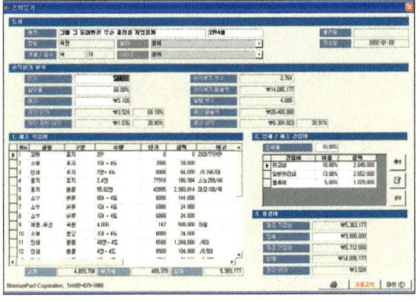
손익분기 초기 화면

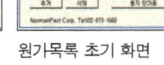
원가목록 초기 화면

제작사양서

발주서, 원가계산, 손익분기 부수를 산출하는 데 꼭 필요한 요소이다. 기획편집, 마케팅, 제작, 경영 등 출판사 내에서 공유하는 내용을 기초로 해당 도서를 담당한 편집자가 재교를 보는 시점에서 작성하는 것이 좋다.

제 작 사 양 서

작성자:			담당	부서장	경영기획	사장
작성일:						
도서명:						

담당/구분	작업자	비용(원)	단가(원)	작업량	일정	
편집					OK교정지	
교정					필름출력	
도판비용					필름검판	
표지디자인비					인쇄	
본문디자인비						
필름출력						
터잡기					입고	
스캔						
인쇄교정						

가격결정 고려사항

저자		인세(%)		기타	
판형		부수(부)			
사이즈(mm)		공급율(%)			
분량(쪽)		예정가(원)			

인쇄 점검사항

구분	본문	표지	커버	면지	합지	케이스	띠지
인쇄도수							
사이즈							
종이							
코팅							
특이사항							

제책 점검사항

일반무선	아지노무선	미싱각양장	사철각양장	아지노각양장	톰슨	박인쇄	가름끈
미싱반양장	사철반양장	아지노환양장	사철환양장	중철제책	형압	헤드밴드	

기타 전달사항

9장
제작처,
서로 협력하고 신뢰하는 동반자다

제작처는 기쁨과 슬픔과 고통을 함께하는 동등한 거래처이지 하청업체가 아니다. 출판사는 제작처를 사업 파트너로 인식해야 한다. 제작처가 없으면 출판은 불가능하다. 출판사는 제작처에 정상적으로 결재하고, 제작처는 기술설비와 우수 인력 양성에 기꺼이 투자해야 한다. 그러지 않으면 서로에게 큰 손실이며 좋은 제작물이 나올 수 없다.

출력 및 스캔업체

출판물 제작에서 최우선적으로 진행되는 것이 출력인데, 모든 제작물의 첫 단추에 비유되기도 한다. 출력업체는 통상적으로 스캔 업무까지 대행하는데, 스캔을 맡기기 전에 출력업체의 외형보다는 담당자의 경력 또는 거래하고 있는 업체를 분석해 작업 의뢰 여부를 판단해야 한다. 예를 들어 그림책을 발행하는 출판사와 거래하고 있는 업체인 경우, 단행본이나 일반물을 출력하는 업체보다 전문성이 높을 뿐만 아니라 작업 완성도도 뛰어나다.

출력업체를 결정할 때 체크해야 할 사항은 다음과 같다.

설비시설이 완벽하게 갖추어져 있는가?

일반적으로 출력업체는 24시간 근무를 한다. 터잡기가 가능한 출력기, 다양한 서체, 스캔 기자재, 레이저 출력기, 컬러프린터 등의 설비시설이 갖추어져 있는지 확인해야 한다. 출력기는 국전지와 사륙전지를 출력하는 기계가 다르다. 그리고 출력업체가 다양한 서체를 확보하고 있지 않으면 발주자가 원하는 대로 출력하지 못하거나, 자주 사용하지 않는 외국어가 포함된 경우 서체가 지원되지 않으므로 특히 어학 전문 출판사에서는 출력업체에 반드시 확인해야 한다.

경험이 풍부한 직원이 근무하고 있는가?

출력업체에 발주자의 작업 의뢰를 정확히 이해하고 실행할 수 있는 인력이 근무하고 있어야 한다.

우수한 출판사와 거래하고 있는가?

첫 거래를 하고자 하는 출력업체가 현재 어떤 발주처와 거래하고 있는지 확인해야 한다. 상업물을 주로 출력하는 경우, 일회성 출력물 위주인 경우, 출판물을 많이 출력하는 경우, 학습지를 주로 출력하는 경우 등 출력업체가 중점적으로 다루는 출력물에 따라 업무 스타일도 다르다.

출판물 출력에 대한 전문성을 갖추고 있는가?

출판업체와 거래하고 있는 출력업체는 출판사가 의뢰한 사항을 정확히 이해하고 받아들일 수 있어야 한다. 인쇄 방식, 제책 방식, 발주자의 의도, 위험성 등을 정밀하게 분석하고, 의문이 있으면 발주자에게 확인하는 전문가적인 의식이 필요하다. 특히 출력업체 직원이 제책 방식에 대한 전문지식이 부족하면 사고 위험성이 높다.

최상의 서비스를 제공하고 있는가?

서비스가 경쟁력이다. 새로운 기술이나 설비가 도입되었을 때 거래처의 시스템을 업그레이드하거나, 발주자의 업무를 파악해 함께 호흡하는 업체가 바람직한 출력업체이다.

편집디자인 외주업체

외주업체에 발주처의 출판방향을 이해시켜야 한다

출판사의 경우 경제경영서, 인문서, 아동서적, 실용서, 미술서 등 다양한 분야가 있는데, 전체적인 콘셉트를 이해하고 실행할 수 있는 외주업체와 거래하는 것이 중요하다. 편집디자인은 본문과 표지를 포함하거나, 별도로 거래하는 경우가 있다.

외주업체와 작업비에 대해 철저하게 협의해야 한다

작업 난이도에 따라 비용이 다르기 때문에 발주자가 의도하는 방향과 외주업체의 견적을 사전에 협의해 단가를 책정한 다음 진행해야 한다. 인문서는 원고를 중심으로 편집하고, 미술서나 아동서적은 사진과 그림을 중심으로 편집되며, 페이지가 많은 출판물이 있는가 하면 페이지가 적은 출판물도 있으며, 단행본도 있지만 시리즈로 진행되는 출판물도 있기 때문에 발주자와 수주자 간에 충분한 공감대가 형성되어 있어야 한다.

자사와 외주업체의 시스템을 동일화해야 한다

외주업체와 발주처의 시스템이 달라 레이저 프린트를 했을 때 서체가 유실되거나, 원활하게 출력되지 않는 경우가 있다. 또한 출력업체에 대한 이해 부족으로 필름 출력이 잘못되어 제작 사고로 이어지는 경우도 많다.

제지회사 및 지업사

출판제작에서 가장 많은 비용을 차지하는 것이 종이다. 때문에 제지회사 및 지업사를 선정하는 것이 그 무엇보다 중요하고, 종이를 원활하게 공급해주느냐 그러지 못하느냐에 따라 출판물 제작 과정에서 여러 가지 변수가 생긴다.

- 제지회사는 한솔제지, 무림페이퍼, 한국제지, 홍원제지, 전주아트원, 삼일제지 등이 있다. 그런데 제지회사마다 제품의 특성과 인쇄 느낌이 다르고, 전문적으로 주력 제품을 생산하기도 한다.
- 지업사는 제지회사를 통해 종이를 공급받는 도매상이다. 대부분의 경우 지업사에서 종이를 공급받는데, 품질이 좋고 다양한 제품을 공급받으려면 지업사를 잘 선정해야 한다. 지업사에서는 특정 제품만 공급하는 경우가 있고, 다른 지업사에서 타사 제품을 구매해 납품하는 경우가 있다. 따라서 종이 단가가 제각각인 데다 수입지, 레자크지 등 소량으로 사용하는 종이가 원활하게 공급되지 않기도 한다.
- 제지회사에서 생산되는 다양한 제품을 알리고 공급하며, 가격 변동 정보를 신속하게 제공하며, 새로운 제품이 생산되면 우선적으로 종이 견본을 제공하는 업체가 우수한 지업사이다.

인쇄업체

일반적으로 출판사를 처음 시작하는 경우 인쇄업체를 결정한 뒤 다른 공정 업체를 결정하거나, 인쇄업체에 일임하는 경우가 많다. 인쇄업체에 제작 부수를 발주하면 인쇄업체에서 종이를 발주하고 코팅업체, 제책업체 등 모든 업체를 대행해주는 경우가 있다. 이는 바람직한 거래관계가 아니다. 가능하면 모든 공정의 거래처를 직접 관리하는 것이 장기적으로 내다볼 때 효율적이다.

설비시설이 제대로 갖추어져 있는가?

최소 설비를 갖추어놓고 자사에서 처리하지 못하는 제작물은 외주 의뢰하는 인쇄업체도 있다. 이런 경우 허술한 관리로 인해 제작 사고가 빈번하게 일어난다. 1도 인쇄기와 2도 인쇄기만 보유하고 있는 인쇄업체에서 2도 인쇄기로 원색 인쇄물을 생산하게 되면 두 배의 시간이 소요될 뿐만 아니라 인쇄물의 질도 떨어지게 마련이다.

우수한 인력을 확보하고 있는가?

과거와 달리 요즘은 기계설비를 최신형으로 보완하여 컴퓨터 및 자동 시스템화되고 있는데, 막상 현장에서 근무하는 인력은 재교육을 받지 않아 기계를 제대로 다루지 못하는 경우가 있다. 새로운 정보와 기술에 대한 이용도가 낮다는 것이다.

우수한 인쇄업체는 전문기술자가 있든 근무 경력이 오래되었든 간에 지속적으로 재교육을 실시한다. 시험 인쇄물을 들고 현장을 방문했을 때—인쇄 감리를 하는 경우—실력 있는 인쇄 기술자는 발주자가 가지고 온 원고, 기계에 사용하는 잉크, 제공된 종이, 인쇄기, 코팅 방식 등에 대해 복합적으로 설명하고 사고 위험을 예방하는 방법을 말해준다.

인쇄업체는 영세하기 때문에 인쇄기술자들이 자주 이동하는 편이다. 따라서 발주자의 의도를 제대로 파악하고, 발주자와의 커뮤니케이션이 원활하고, 인쇄물에 대해 자기 견해를 가지고 있는 인쇄기술자가 다른 업체로 이동하지 않도록 배려하는 것도 중요하다.

인쇄비 견적은 받았는가?

인쇄비 견적은 제판비와 인쇄판비를 구분해 받게 된다. 인쇄판비는 PS판이 국내판이냐 수입판이냐에 따라, 재생판을 사용했느냐 신판을 사용했느냐에 따라 단가가 달라진다. 인쇄판비는 용도에 따라 달라진다. 본문, 표지, 띠지, 홍보물 등을 다르게 적용하며, 제작량에 따라 달리 적용하기도 한다.

가장 중요한 것은 인쇄비 책정이다. 인쇄비는 제작 부수에 따라, 판형에 따라 달라진다. 소량인 경우에는 단가가 높고, 제작량이 많으면 단가가 낮아진다. 이는 출판물의 성격이나 제작량에 맞게 잘 협의해야 한다.

발주자를 위한 서비스 자세가 되어 있는가?

신간 인쇄물은 발주자가 본문 전체의 내용을 파악할 수 있는 첫 인쇄물이다. 인쇄업체에서는 2벌의 인쇄물을 처음부터 마지막 페이지까지 접어 기본적인 내용을 점검한 뒤 1벌은 발주처에, 1벌은 제책업체에 제공해야 한다. 그러면 발주처는 편집자, 저자, 경영진 등이 인쇄물을 최종 확인하여 제책업체에 작업 지시를 내려야 한다. 또한 제책업체는 발주처와 인쇄물을 최종 점검하여 제책 사고가 생기지 않도록 해야 한다.

이는 발주업체의 지속적인 관심과 요구가 있어야 가능하다. 왜냐하면 이러한 과정을 실행하는 인쇄업체도 있지만, 그러지 않는 인쇄업체가 더 많기 때문이다.

재판 때도 마찬가지다. 본문에 수정사항이 있어 필름을 교체한 뒤 인쇄했으면 수정된 부분을 확인하고 제책 작업을 진행해야 한다. 하지만 서로 믿고 진행하다 보니 제책까지 끝나고 나서야 잘못되었다고 후회하는 경우가 많다. 이러한 문제를 해결하려면 반드시 인쇄물을 확인해야 하며, 인쇄업체는 조금 불편하더라도 발주업체가 인쇄물을 점검할 수 있도록 협조해야 한다.

라미네이팅 업체

라미네이팅 업체 결정은 인쇄업체에 의존하는 경우가 많다. 출판물 제작에서 라미네이팅도 중요한 과정이기 때문에, 비록 제작 물량이 적더라도 직접 거래하는 것이 효율적이다. 왜냐하면 라미네이팅의 장단점을 파악하기 위해 사전에 라미네이팅을 해보는 경우도 있기 때문이다.

특정 종이에 인쇄한 표지를 라미네이팅하는 경우 라미네이팅 업체에 인쇄한 표지를 몇 장 보내 유·무광 라미네이팅을 해본 다음 결정하면 안정적으로 제작을 진행할 수 있다. 하지만 직접 거래하지 않고 제삼자를 통해 확인하면 시간이 많이 소요될 뿐더러 의사전달이 잘못될 수도 있다.

제책업체

우선 다양한 제책 방식을 소화하는 업체인가, 그렇지 않은 업체인가를 파악해야 한다. 무선 제책, 아지노 제책, 중철 제책, 각양장, 환양장, 반양장, 소프트양장 등 기획편집 방침에 따라 제책 방식이 다르게 결정되기 때문이다.

제책업체는 다른 분야보다 더 전문화되어 있다. 각각의 업체가 가지고 있는 전문성을 살리고, 원활하게 납기를 지켜주는 업체가 좋은 제책업체이다. 제책업체 중에는 단행본 전문업체도 있고, 전집 전문업체도 있다. 이들 업체는 서로 장단점이 있기 때문에 정확히 이해하고 거래해야 한다. 예를 들어 전집 전문업체는 동일한 제품을 몇만 부씩 진행하고, 단행본 전문업체는 몇천 부씩 진행한다. 전집 전문업체에 몇천 부의 단행본을 제책 의뢰하면 시간적 여유를 많이 줘야 한다. 하지만 현실은 그렇지 못하다.

인쇄업체에서 인쇄물을 가져와 재단하고 접지해 완성품을 만들어 납품까지 해야 하기 때문에 제책에는 시간이 많이 소요된다. 그럼에도 시간적 여유가 가장 짧은 곳이 제책업체이다. 모든 것을 동시에 소화해내는 제작업체는 많지 않다. 특히 출판사를 처음 시작하는 경우 소량의 제작물로는 거래하기가 만만치 않다. 하지만 미래를 내다보고 거래하는 것이 중요하다. 그러기 위해서는 서로 간에 신뢰가 절대적으로 필요하다. 발주자는 신용을, 수주자는 질 좋은 제품과 납품을 담보로 거래를 해야 한다.

부록

용지 사고 유형 | 스캔 사고 유형 | 출력 사고 유형 | 인쇄 사고 유형
제책 사고 유형 | 코팅·라미네이팅 사고 유형

제책 용어 | 스캔 용어 | 인쇄 용어

용지 사고 유형

말림 현상

종이를 보관하거나 인쇄 전후의 보관 중에 자주 발생하는 현상으로, 양쪽 끝이 말리는 상태로 구부러진다. 종이의 수분 함량에 따른 원인이 가장 크며, 종이 뒷면 신축이 다른 경우에 주로 발생한다. 종이가 블랭킷을 통과하면서 잉크에 끌려 강제적으로 말리기도 하는데, 말림 현상이 일어나면 인쇄 때 급지 불량이거나 인쇄 도중 종이에 주름이 생겨 제품이 손상된다.

    종이를 보관할 때 습도를 조절하고 포장을 뜯지 않으면 말림 현상을 예방할 수 있다. 축임물이 원인일 때는 축임물을 조절해야 하며, 블랭킷이 원인일 때는 잉크 끈기를 낮추는 등의 조치를 취해야 한다.

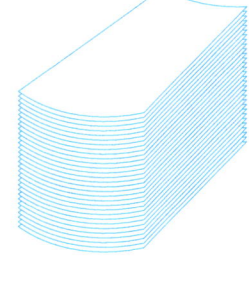

욱음 현상

네 귀퉁이가 안으로 말리는 경우이다. 현장에서는 바가지 현상이라고도 하는데, 급지 불량이나 인쇄 때 주름이 생기는 요인이 된다. 포장 상태일 때 바깥 습도의 영향을 받으면 건조 상태에서 귀퉁이가 위로 말려 가운데가 오목해진다.

    종이를 가습된 실내에 두고 원래대로 되돌리거나 종이를 옮기면서 바람을 넣는 방법도 효과적이다.

주름 현상

종이 제조 공정과 인쇄 공정에서 발생하며, 종이 상태에 따라 주름이 생기는 위치가 다르다. 이러한 현상은 제조 과정에서 초지기와 재단기를 통과할 때 종이 성질의 불균형으로 발생하며, 인쇄 때의 주름은 말림, 욱음, 굽음 때문에 발생한다. 또 급지부와 배지부의 조정 불량 등 기계적 원인으로 발생하기도 한다.

주름이 생기는 종이는 사용할 수 없으며, 주름 현상을 방지하려면 인쇄기에서 앞맞추개 부분을 조정하여 종이가 안정되게 나가도록 해야 한다.

굽음 현상

종이가 부분적으로 늘어나서 생기는 결함이다. 인쇄 중 축임물로 가습하는 게 원인이 되기도 한다. 또 제지회사에서 종이를 출하할 때 기준을 벗어나 생기는 경우도 있다.

건조된 실내에 일정 시간 놓아두거나 종이를 옮기면서 공기를 불어넣어주면 효과적이다.

포장된 상태 용지

인쇄된 상태에서 굽어진 현상

종이 먼지

제지회사에서 종이를 재단할 때 부스러기가 생기는데 큰 부스러기는 딱지 얼룩이 되고, 세밀한 것은 블랭킷과 판에 쌓여 잉크 묻음 불량과 인쇄물이 꺼칠해지는 현상을 일으킨다. 종이의 표면 강도가 약할 때도 먼지가 발생한다. 먼지가 잉크를 받지 않을 때에는 인쇄면이 흰 점으로 나타난다. 민인쇄를 할 때 특히 잘 보인다. 종이 먼지, 몰턴 탈모, 팔레트의 나무 부스러기가 잉크에 혼입하여 판에 부착되거나 슬리터 또는 재단칼의 마모로 재단 상태가 좋지 않아 발생한다.

종이 슬리터와 재단칼의 교체 간격을 단축하거나 종이의 표면 강도를 높이면 방지할 수 있다.

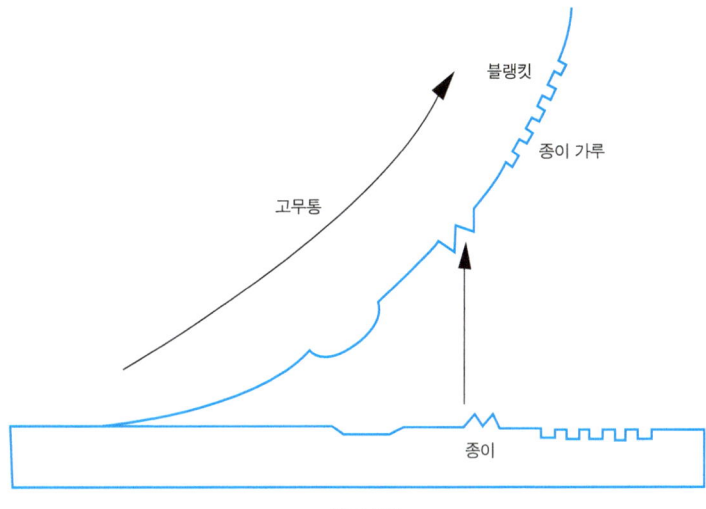

뜯김 현상

뜯김 현상

종이의 일부를 블랭킷 면에 뺏기면서 발생한다. 종이 표면이 완전히 뜯겼을 때는 뜯긴 부분에 잉크가 묻지 않는다. 종이 표면 강도가 잉크 끈기를 견디지 못하거나 잉크가 건조될 때 잉크 점도가 높고 기계에서 온도가 낮은 경우, 잉크 끈기가 높은 경우에 일어나기 쉽다. 인쇄 속도가 빠를수록 빈도수가 높고, 인쇄압도 강할수록 좋지 않다. 종이가 제대로 분리되지 않는 것도 원인이 된다.

　인쇄 공정 때 컴파운드나 희석제를 잉크에 첨가해 잉크 끈기를 낮추거나 잉크 온도를 높이는 것이 가장 효과적인 예방법이다. 또한 인쇄압이 강할 때는 정상으로 조정하고 인쇄 속도가 빠를 때에는 속도를 낮추고 블랭킷이 마모되었을 때는 교체를 한다.

배어남 현상

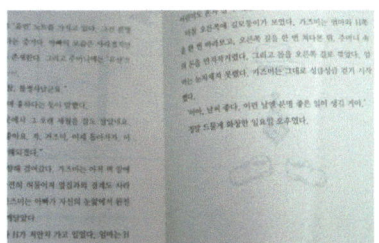

잉크의 비클이 뒷면까지 침투하여 뒷면에서 인쇄가 보이는 상태를 말한다. 인쇄면에 백지를 겹쳐놓았을 때 글자가 보일 정도라면 종이가 원인이다. 침투 건조성 잉크를 사용해도 발생하기 쉽다. 기름 성분이 종이에 침투하거나 잉크의 피복력이 낮으면 잉크 부착이 늘어나면서 잉크가 배어나고, 종이의 흡유도와 두께에 따라 문제가 발생할 수 있다.

인쇄 공정에서 가급적 잉크를 엷게 묻히고, 피복력이 강한 잉크를 사용한다. 또한 잉크 점도가 높을수록 침투하기 어려우므로 점도가 높은 잉크를 사용한다.

비침 현상
인쇄물 뒷면에서 인쇄 원고가 비쳐 보이는 상태를 말한다. 종이가 얇을수록, 종이의 투명도가 높을수록 비침 정도가 심해진다. 종이의 투명도에 영향을 주는 요인은 펄프와 전료의 백색도와 밀도이다.
    농도가 높은 잉크로 엷게 인쇄하거나 불투명도가 높은 종이를 사용하면 예방할 수 있다.

스캔 사고 유형

동일한 일러스트를 각각 다른 업체에 의뢰해서 스캔한 결과물이다. 오른쪽이 정상이고 왼쪽이 잘못된 작업물이다. 편집자 또는 디자이너가 순간적인 착시현상을 일으켜 왼쪽 이미지를 사용할 경우 돌이킬 수 없는 결과를 초래하게 된다.

원본 그림을 노란색 종이에 그린 경우이다. 스캔 과정에서 이미지에 대한 정교한 오려뽑기 작업을 해야 하는데 주변을 중심으로 트리밍해 흰색 바탕과 구분되었다. 본인쇄에서 흰색 종이를 사용할 경우 흰색 종이에 그림을 그리는 것이 정답이다.

외서 표지를 스캔하는 과정에 원서 제목을 제대로 지우지 않고 한글 제목을 디자인한 경우이다.

출력 사고 유형

표시된 부분을 보면 오른쪽 이미지가 손실되어 있다. 최종교정지에서는 이상이 없었지만, 출력 과정에서 텍스트 박스가 이미지를 가려버린 것이다.

표시된 부문을 보면 청색 선이 나타나 있다. 스캔한 원고에서도 문제가 없었고, 동일한 데이터로 재출력해 확인했지만 아무런 이상이 없었다. 원인이 밝혀지진 않았지만, 출력기의 오류로 발생한 사고인 듯하다.

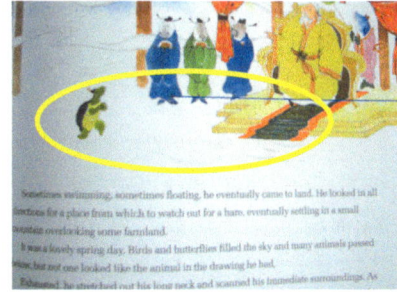

전체 원고는 매듭에 관한 자료인데, 중간에 다른 이미지가 들어가 있다. 최종교정지에서는 이상이 없었다. 필름 출력 과정에서 파일명이 동일한 데이터가 들어간 것이다. 확인 결과 동일한 파일명이 두 개였는데, 현재 들어가 있는 이미지가 먼저 생성된 파일명이어서 이러한 사고가 발생한 것이다.

수정필름을 출력하는 경우 이미지가 펼침면에 편집되어 있거나, 망점 처리가 되어 있으면 반드시 펼침 페이지로 출력해야 한다. 그러지 않고 한쪽만 출력하면 기존에 출력한 맞은편 페이지와 맞지 않아 다른 색상으로 인쇄된다.

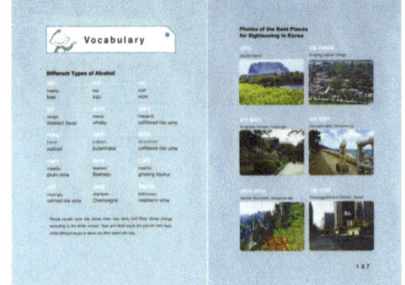

최종 출력과정에서 이미지 유실여부를 점검하지 않고 테이터를 출력했을 때 발생한 경우이다. 한쪽은 정상적인 이미지로 출력되었고, 다른 하나는 선이 유실되었다.

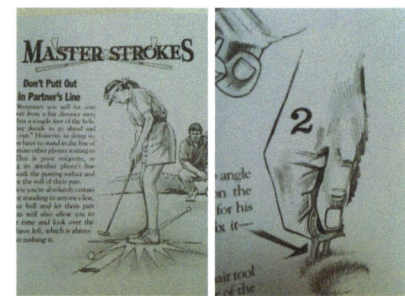

왼쪽은 초판 발행 때 사용했던 이미지이고, 오른쪽은 재판 발행 때 사용했던 이미지이다. 문제는 재판 발행때 이미지를 교체했는데, 파일 저장방식이 다른 데이터를 교체하는 과정에서 정확하게 점검하지 않고 출력해서 인쇄한 사고이다.

출력기에 의해 발생하는 사고 유형

농도 값이 정확하지 않은 경우
일반적으로 인쇄 과정에서 인쇄 농도가 잘못되는 경우가 많지만, 출력 과정에서 대수별 또는 부분별 출력

농도가 달라져 인쇄 과정에서 앞뒤 인쇄 농도가 달라지기도 한다.

롤러에서 필름이 손상되는 경우
롤러에 미세한 이물질이 묻어 필름이 훼손되는 경우로, 보통은 발견되기 어렵다. 인쇄 과정에서 아주 가느다란 실선처럼 보이는 자국이 생기거나 특정 부분에 이미지나 글씨가 훼손된다.

약품이 오래되어 필름이 노랗게 변색되는 경우
일정 기간이 지나면 현상액을 교체해야 하는데, 교체 시기가 지나면 필름이 정상적으로 현상되지 않고 노랗게 변색된다.

드라이 온도가 맞지 않거나 젖어 있는 경우
데이터를 필름으로 현상할 때 필름끼리 달라붙지 않도록 드라이로 말리는 과정을 거친다. 또한 데이터가 정상적으로 출력되도록 유지하는 장치가 드라이다. 그런데 필름을 제대로 말리지 않고 현상하면 자국이 묻어 나거나 끈적거림이 생긴다.

인쇄 사고 유형

인쇄물이 완료된 상태이다. 중간중간에 간지가 들어가 있는데, 인쇄대수를 표기한 것이다. 만약 이 간지가 없어질 경우 인쇄대수가 합쳐지는 사고가 발생하고 출판사 표기, 도서명 표기, 대수 표기 등이 없을 경우 사고 위험성이 높다.

흔히 자주 보는 사고 유형으로, 앞면은 인쇄되고 뒷면은 인쇄되지 않았다. 종이의 정전기에 의해 발생한 사고이다.

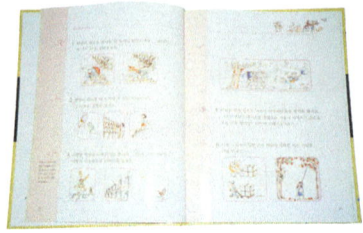

오른쪽 상단의 설명글이 빠졌다. 재판인쇄 때 본문을 수정하려고 필름을 교체했는데, 먹판 원고까지 없애버린 것이다. 접지물을 확인하다가 이런 문제를 발견했을 때 누락된 먹판만 재인쇄하는 것이 부분인쇄이다. 인쇄가 완료되었을 경우에는 스티커를 붙일 것인지, 스탬프로 찍을 것인지를 고민해야 한다.

왼쪽은 제대로 인쇄되지 않고 오른쪽은 제대로 인쇄되어 있다. 이는 인쇄 대수가 다른 경우이다. 왼쪽은 2대 인쇄물이고, 오른쪽은 3대 인쇄물이다. 왼쪽 인쇄물의 경우 파지가 들어간 것이다. 만약 전체 도서가 그러하다면 낱장을 교체하는 방법이 효과적이다.

표지에 저자 이름이 두 군데 들어가 있다. 처음에는 오른쪽에만 있었는데 다시 디자인하면서 중앙에 한 줄로 변경했다. 이 과정에서 오른쪽의 저자 이름을 필름에서 지우기로 했는데 누락된 것이다. 다행히 바탕이 흰색이라 지우개로 지워 문제를 해결했지만, 그러지 못할 경우 재인쇄하거나 스티커를 부착하는 경우도 있으며 최악의 경우 표지갈이를 해야 한다.

제목 아래쪽에 있었던 저자 이름이 삭제된 사고이다. 인쇄업체 제판실에서 저자 이름을 삭제하고 표지를 인쇄하였고, 제책이 완료된 상태에서 발견하는 바람에 제책된 상태에서 먹박으로 저자 이름을 찍었다.

본문 인쇄과정에서 인쇄판에 이물질이 들어가 생긴 이미지이다. 인쇄 기술자가 발견하지 못하면 전체 인쇄물에 나타날 수 있다.

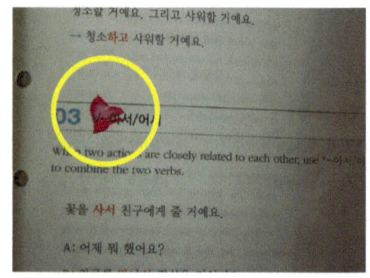

본문 속표지 부분에 발생한 사고다. 인쇄물 오른쪽에 십자 표시가 있다. 완성된 책을 재단할 때 옆면이 재단할 때 잘려나갈 수 있도록 제판실에서 필름을 교체했어야 했다. 결국은 낱장갈이를 해서 해외로 수출했다.

제책 사고 유형

본문 종이가 휘어진 경우이다. 대부분 합지의 수분으로 인해 발생한다. 본문 종이와 합지의 수분이 불균형 상태를 이루면서 나타나는 현상이다.

본문 이미지 일부가 사라진 경우다. 최종교정지에서는 이상이 없었으나, 이후 수정하면서 텍스트 박스를 이미지 박스 위로 변경해놓은 채 출력해 그림을 가려버린 것이다. 이런 경우 본문 한 장만 재인쇄해 낱장 교체 작업을 해주면 된다.

인쇄대수 순서가 뒤바뀐 유형이다. 8쪽 접지 인쇄물 4대 32쪽 그림책인데, 정합 순서를 1, 2, 3, 4로 하지 않고 1, 3, 2, 4로 작업해 페이지 순서가 바뀌었다.

표지디자인 과정에서 책등 쪽 여분을 주지 않아 표지 그림이 한쪽으로 쏠렸다.

본문 인쇄물 1대가 반대로 뒤집어져 제책이 된 제작물이다. 대체로 전 물량에 걸쳐 발생하는 사고는 아니고, 적게는 한 부 많게는 20여 부 발생한다.

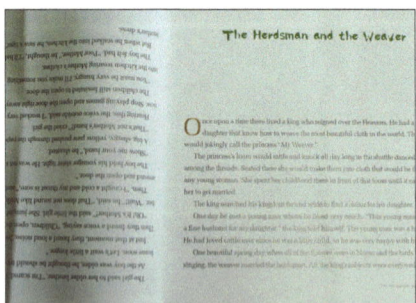

코팅 · 라미네이팅 사고 유형

건조 불량
코팅 및 라미네이팅 공정에서 가장 많이 발생하는 사고 유형이다. 출판사들의 일정에 맞추느라 인쇄 후 건조되지 않은 상태에서 코팅해 제책하는 경우이다. 코팅 및 라미네이팅이 완전히 건조되지 않은 상태에서 제책을 하면 표지가 줄어드는 현상이 나타난다. 특히 장마철, 무더운 여름, 추운 겨울에 심하게 나타난다.

주름 현상
인쇄종이에 수분 함량이 고르지 않아 발생하는 사고이다.

기포 발생
수분 함량이 많거나 평활도가 낮은 종이, 흡수율이 높은 종이, 결이 살아 있는 레자크지, 엠보싱지 등에서 자주 발생한다.

접착 불량
진하게 인쇄하는 과정에서 뒤묻음을 방지하기 위해 파우더(분말)를 너무 많이 사용하면 접착제가 잘 묻지 않는다.

제책 용어

가로매기	상하가 짧고 좌우가 긴 책의 경우 옆을 매어 제책하는 것.
가름끈	책등 쪽에 붙여진 끈. 책을 읽던 곳을 표시해두기 위해 끼워두는 끈.
가제책	① 실매기를 하고 표지를 붙였으나 재단하지 않은 것. ② 실매기나 철사매기 후 표지와 함께 한 번에 재단한 것. ③ 인쇄, 제책의 형태를 알리고 검사하기 위해 임시로 만든 것.
간지	① 마르지 않은 인쇄 잉크가 배어나오지 않도록 제책 작업 때 끼우는 종이. ② 편(篇)이나 부(部) 등을 구분하기 위해 삽입하는 본문 종이와 다른 종이. ③ 별쇄(別刷)의 인쇄물. ④ 인쇄대수가 맞지 않아 낱장으로 인쇄해 접장에 넣는 인쇄물.
겹장	제책에서 같은 접장이 겹쳐진 것.
고르기	제책에서 실로 맨 곳과 접힌 자리를 죄어 두께를 고르는 작업.
금박 찍기	책표지 또는 상자 등에 금박, 색박 등을 찍는 것.
끼워넣기	제책 과정에서 접장 안에 별도의 인쇄물을 끼워넣는 작업.
나눔재단	접지를 하기 위해 인쇄물을 재단하는 것.
낙장	접지 모음 때 잘못해서 접장이 빠진 상태.
난장	접장 모음 때 접장의 순서가 잘못되는 제책 사고.
등굴림	양장 제책 공정에서 등굳힘을 하고 다듬재단한 본문(속장)의 책등을 둥글게 하는 작업.
등종이	제책할 때 등을 붙이는 데 쓰는 종이.
등폭	양장 제책 과정에서 표지용으로 만든 천에 붙인 심지(두꺼운 판지)를 폈을 때 책등 부분의 앞심지와 뒷심지 사이의 간격. 책등 두께보다 조금 크다.

모등	양장 제책 방식의 하나로, 책등을 편편하게 만든 것.
모서리가죽	책표지의 네 귀퉁이에 붙이는 세모꼴의 가죽.
미싱매기	제책 방식의 하나로, 제책용 미싱으로 실매기를 하는 방법. 공책이나 예금통장 등의 제책 방식.
빈등	표지와 속장의 등을 붙지 않게 하여 책을 펼쳤을 때 공간이 생기도록 한 것.
실매기	양장 제책에서 등을 실로 꿰매는 작업.
애벌굳힘	양장 제책 공정에서 표지 씌우기를 하기 전에 본문만 미리 접착하는 것. 철사매기에서는 정합이 끝난 직후에, 실매기에서는 다듬재단을 하기 직전에 한다. 건조되기를 기다려 한 권씩 분리한 후 등굳힘을 한다. 이렇게 하면 다음 공정에서 모양이 흐트러지지 않고 좋은 책을 만들 수 있다.
정합	접장을 페이지 순으로 모아 한 권 분량씩 정리하는 작업. 정합된 것을 속장이라 한다. 접장의 종류가 많을 때에는 나누어 정합하기도 한다.
책등	책의 제목 등이 쓰여 있다.
표지싸기	제책 공정 중에서 준비된 표지를 본문(속장)에 씌워 붙이는 작업.
헤드밴드(꽃천)	양장 제책에서 본문의 등 쪽에 아래위로 붙인, 색이 있는 얇은 천. 책 장식을 목적으로 한다.
휜등	표지의 등과 속장의 등을 밀착시킴으로써 책을 펼쳤을 때 반대쪽으로 휘어 들어가게 한 등.

스캔 용어

3색 분해	색분해에서 먹판을 제외한 3색만의 원판으로 분해하는 것.
3원색	혼합하면 백색이 되는 청색, 녹색, 적색을 가색법의 3원색이라 하고 검은색이 되는 사이언, 마젠타, 옐로를 감색법의 3원색이라 한다.
EPS	코드를 갖고 있는 그림 파일 포맷으로, 포토샵의 경우에는 화면 디스플레이를 위한 PICT 이미지를 가지고 있다. 어플리케이션을 바꾸어 파일을 이동하고 이미지 세팅을 하거나 색분해를 하는 데 많이 쓰이는 포맷이다.
계조(농담)	사진 등 화상에서 밝은 부분부터 어두운 부분까지 여러 종류의 농도 단계를 의미한다.
광전자 증배관	컬러 스캐너에서 빛의 강약을 전류의 강약으로 변화시키는 진공관. 금속판에 빛을 주었을 때 전자를 방출하는 파전 효과를 이용하며 드럼형 스캐너에서 사용된다.
교정쇄	교정인쇄의 준말로, 본격적인 인쇄를 하기 전에 가인쇄를 하는 것이다.
교정 작업	조판 작업 다음에 지시·지정대로 되지 않은 것이나 원고대로 되어 있지 않은 잘못을 고치는 일이다.
교정지	교정쇄에 교정을 본 것.
네거티브	본래의 물체 또는 원도의 명암과 반대로 된 상태.
농도	화상의 농담을 정량화하기 위한 수치. 보통 사진 농도를 말한다.
다이렉트 디지털 원색교정(DDCP)	CEPS(전자식 사진제판)에서 디지털 데이터로부터 직접 만들어낸 컬러 하드카피(교정지). 잉크젯, 컬러 인화지, 감열전사 등의 방법으로 교정지를 만들 수 있다.
다이렉트 스크리닝	제판 카메라에서 직접 스크린을 이용해 망촬영과 동시에 색분해까지 작업하는 것.
디피아이(dpi)	컴퓨터에서 사용하는 프린터의 해상도를 나타내는 단위로, 1인치당 점의 개수. 이

	수치가 크면 클수록 문자, 도형, 사진 등의 선명도가 증가되어 전체 화상의 품질이 향상된다. 레이저 프린터는 300~800dpi이고 사진식자용 프린터는 1,000dpi 이상이다.
망점(도트)	망 포지티브, 망 네거티브, 인쇄사진판 등에 나타나 있는 점.
망점면적률	일정 개수의 망점이 일정 면적에서 차지하는 망점 크기의 비율. 완전히 흰 부분은 0%, 완전히 검은 부분은 100%의 망점 크기가 되어 면적을 차지한다.
망점스크린	계조가 있는 원고를 인쇄하기 위해 원고를 촬영할 때 사용하는 제판용 스크린.
벡터 폰트	문자 윤곽선을 고정된 점으로 표현하는 것이 아니라 선의 방향과 위치를 수학적 방법으로 생성하게 하는 컴퓨터상의 문자 형성 방식.
비트맵	컴퓨터 그래픽에서 화면상의 영상 데이터를 비트의 값으로 만드는 방식. 미세한 점이 모여 만들어진 문자나 도형 또는 화상신호를 비트 정보로서 평면으로 전개시켜 놓은 것. 디지털 화상 방식에서는 문자, 그래픽의 비트맵을 만들어 이것을 출력기에 보내 종이, 인화지, 필름 등에 점으로 재현한다.
비트맵 폰트	가장 단순한 디지털 폰트는 출력된 대로 데이터를 갖고 있는 것으로, 이것을 도트 폰트 또는 비트맵 폰트라고 한다. 이것은 데이터 양도 많고 크기를 변화하기도 불편해서 보통 윤곽선의 정보만 갖고 인자시 가운데를 메워 문자를 형성시키는 방법을 쓰고 있다.
사진식자(사식)	네거티브 문자판의 문자, 기호 등을 렌즈를 사용해 인화지 또는 필름상에 촬영해가는 조판 방식.
색공간	색을 논리적으로 표현하는 방법. 3차원 공간 좌표로 나타내기 위해 색공간으로 표현한다. RGB 색공간, CMYK 색공간, HCV(먼셀) 색공간으로 분류되고 CIE표색계, Lap표색계, 먼셀표색계 등이 있다.
색교정	컬러 인쇄물이 지정한 색으로 완성될 것인가를 색교정지로 확인하는 것. 인쇄 전에 색 작업상태를 미리 알아보기 위해 시험 인쇄물을 만드는 작업. 교정인쇄기를 이용한 인쇄교정이 주류였으나, 점차 컬러프린터 등을 사용한 교정인쇄물이 증가하고 있다.
색농도	컬러로 된 그림, 사진 등의 농도. 농도계로 3원색(R, G, B) 필터를 통해 3색(C, M, Y)의 농도를 측정하거나 분광광도계를 이용해 각 파장의 반사 농도를 측정하는 방법이 있다.

색도	색 표시를 3차원 공간으로 하되, 이를 평면상의 점으로 표시한 것.
색맞춤	지정된 색 견본에 맞춰 잉크를 배합하여 인쇄하는 것. 최근에는 컴퓨터를 이용해 색맞춤을 한다.
색분해	컬러 원고를 인쇄하기 위해 원고의 색을 C, M, Y, K의 성분으로 나누는 것. R, G, B의 3원색 필터를 이용해 스캐너에서 작업한다.
색분해 네거티브	색분해 작업으로 얻어진 네거티브 필름.
색분해 필름	색분해 작업에 사용하는 필름. 마스킹 방식에서는 다양한 필름이 사용되었지만, 지금은 출력용 제판 필름만 사용되고 있다.
색분해 필터	색분해 작업에서 사용되는 3원색 필터. 시안 분해 필름을 얻기 위해 레드 필터를, 옐로 분해 필름을 얻기 위해 블루 필터를 사용한다.
색입체	색상, 명도, 채도를 3차원으로 배열해 색의 종류를 계통적으로 정리한 것. Lap, 오스트발트, 먼셀의 색입체가 있다.
스캐닝	스캐너가 화상을 전기적 신호로 변환하기 위해 시간적 순서로 화상에 광원을 보내는 것.
스크린 선수	화상을 망점으로 재현할 때 망점의 밀도를 나타낸 것. 보통 1인치(면적이 아닌 길이 1인치)에 망점이 몇 개 들어 있는가를 표시한다.
이미지세터	시스템의 출력부에 쓰이고 있는 출력기로 필름, 인화지 등에 노광시키는 기계. 이것은 문자, 화상, 도형 등을 함께 출력시킬 수 있어 전산사식에서 사용하던 타이프세터와 구별된다. 평면형, 외면 드럼형, 내면 드럼형 등 세 종류가 있다.
채도	색의 세 가지 속성 중 하나로, 색의 순수한 정도를 표현한 것.
콘택트 스크린	일반 사진원고로부터 사진제판용 망점 네거티브(또는 포지티브)를 만들기 위해 사용하는 제판용 스크린. 종류도 다양하고 널리 사용했으나 최근에는 사용하지 않는다.
콘트라스트	사진, 그림 등의 농담 상태에서 명암의 차이 정도. 콘트라스트가 크면 명암의 차이가 크다는 뜻이다.

인쇄 용어

가늠	다색 인쇄에서 겹쳐 인쇄되는 위치의 정확성. 단색 양면 인쇄에서 앞뒷면 위치의 정확성. 제책 과정에서 접지되는 위치의 정확성. 대개 가늠표를 사용해 상하좌우의 위치를 가늠한다.
감광액	인쇄용 판재에 도포 건조시킨 후 사진 원판을 밀착시켜 빛쬠하여 사진 화상을 재현하는 감광성 약품.
고스트	인쇄에서 민판 인쇄 부분에 판에는 없는 농담의 얼룩무늬가 발생하는 현상. 화상 배치에서 오는 잉크 공급 부족이 원인이다.
급지통	고속 낱장 인쇄기의 급지부에 위치하여 앞과 옆맞추개에서 조정된 종이를 고속으로 회전하고 있는 압통으로 넘겨주는 역할을 하는 통.
기어얼룩	인쇄 때 인쇄 진행 방향의 직각 방향에서 일정한 간격으로 잘게 나타나는 줄무늬 형태의 색 얼룩. 톱니바퀴가 부정확하게 물려 있거나 통꾸밈이 잘못되었을 때 발생한다.
당김맞추개	낱장 인쇄기 급지부에서 종이가 삽입되면서 앞맞추개에 닿은 다음 옆맞추개에 닿는데 그 중 하나로 당겨 맞추는 옆맞추개. 반대편에는 밀맞추개가 있어 양면 인쇄 때 교대로 사용한다.
더블	오프셋 인쇄에서 망점이 약간 밀려 이중으로 인쇄되는 현상. 오프셋 인쇄는 다른 인쇄 방식과 달리 고무 블랭킷을 중간에 놓고 판의 잉크가 간접적으로 종이에 전이되는데, 이때 블랭킷이 잘못 조절되거나 통꾸밈의 차이 등으로 망점이 이중으로 인쇄된다.
더블톤	풍부한 계조를 얻기 위해 주요 색에 같은 색 연조(軟調)의 판을 하나 더 만들어 인

쇄하는 것.(스크린 각도를 달리하여 망촬영) 계조를 살리기 위해 흑백사진 인쇄 등에서 활용된다.

도트게인	인쇄할 때 인쇄판의 망점 크기보다 인쇄물의 잉크 망점이 커진 상태. 인쇄압이 크고 잉크가 묽을수록 더 많이 발생하다
뒤묻음	인쇄 때 배지부에 쌓이는 인쇄종이 뒷면에 잉크가 묻어 더러워지는 현상.
뒤비침	인쇄된 면이 뒷면으로 비쳐 보이는 인쇄 사고.
롤러뜀	인쇄물에 줄무늬 모양의 얼룩이 생기는 것. 잉크롤러와 인쇄판의 접촉 불량이 원인이다.
롤러세척장치	① 인쇄기에서 잉크롤러를 떼지 않고 독터(칼날) 등을 이용해 잉크를 씻어내는 장치. ② 오프셋 인쇄기 축임장치에 있는 축임롤러를 떼어내어 별도로 세척하는 장치.
롤러얼룩	인쇄 중에 발생되는 얼룩. 잉크묻힘롤러의 원둘레 길이를 한 주기로 인쇄 방향의 직각 방향에서 발생한다. 잉크롤러의 편심이나 톱니바퀴의 불량으로 롤러가 튕기거나 롤러의 미끄러짐, 기계의 진동 등이 원인이다.
말림	쌓아둔 인쇄종이가 습도, 온도 등의 영향으로 배가 불룩해지는 현상. 이로 인해 인쇄 때 주름이 생긴다.
무광잉크	인쇄된 면이 광택이 나지 않게 만든 잉크. 목판화나 미술 인쇄에서 광택을 원치 않을 때 사용한다.
무아레	사진판 인쇄에서 망판이 겹쳐서 생기는 새로운 무늬. 규칙적인 점이나 선으로 분포된 두 장의 포지티브 필름을 겹쳤을 때 생기는 무늬.
민인쇄	인쇄물의 일정 부위에 망점 계조가 전혀 없이 완전히 잉크가 묻도록 하는 인쇄.
밀림	인쇄물의 문자나 선이 약간 밀려 한쪽으로 번진 상태. 인쇄기 조정 불량으로 일어나는 현상이다.
소프트패킹	인쇄기의 통 바름을 부드럽게 마무르는 것. 오프셋 인쇄기에서는 블랭킷 밑에 모직물 나사 등을 넣는다.
압통	인쇄판 또는 고무 블랭킷에 묻어 있는 잉크를 피인쇄체(종이)에 옮기기 위해 압력을 가해주는 통(실린더).
앞맞추개	낱장 인쇄기의 급지장치 중 일부로, 종이가 인쇄기에 들어가기 직전에 앞면의 두 곳에 일정하게 맞도록 하는 장치. 종이의 일정한 위치에 인쇄가 되도록 한다.
옆맞추개	낱장 인쇄를 할 때 종이가 인쇄기에 들어가는 과정에서 옆 위치를 일정하게 맞추는

	장치. 종이는 언제나 앞맞추개(두 개)와 옆맞추개(한 개)로 일정한 위치에 인쇄되도록 한다.
인쇄압	인쇄를 할 때 인쇄판 또는 블랭킷의 잉크를 종이 등의 피인쇄체에 전이시키기 위해 주어지는 압력. 단위면적당 압력(kg/㎠)으로 표시하지만, 접촉하는 폭(닙 폭)으로 표현하기도 한다.
잉크냄롤러	잉크내림기구에서 잉크통의 한쪽을 막고 있는 롤러. 이것이 조금씩 회전하여 칼날 사이에서 잉크를 묻혀낸다. 이렇게 묻은 잉크는 잉크옮김롤러가 왕복운동으로 묻혀서 이김롤러로 옮겨준다.
잉크롤러냉각장치	오프셋 인쇄기의 고속화에 따라 인쇄를 안정시키기 위해 잉크롤러를 냉각시키는 장치. 고속 인쇄에서는 잉크롤러에서 발생되는 열로 인해 색조 변화, 잉크 유화 등의 사고가 발생한다. 특히 무수평판 인쇄에서 롤러의 냉각은 필수적인데, 물을 롤러 속으로 순환시키도록 한다.
잉크묻힘롤러	인쇄판에 잉크를 묻혀주는 롤러. 판면에 고르게 잉크를 묻혀주기 위해 지름이 다른 여러 개의 롤러로 구성되어 있다.
잉크옮김롤러	잉크내림기구에서 잉크통의 잉크를 묻혀내는 롤러와 잉크를 반죽해주는 롤러 사이를 교대로 왕복, 접촉하면서 잉크를 이김롤러 쪽으로 옮겨주는 롤러.
잉크이김롤러	인쇄기의 잉크내림장치에서 잉크옮김롤러부터 잉크묻힘롤러까지의 사이에 들어 있는 여러 개의 롤러.
잉크주걱	인쇄 잉크를 이기거나 잉크통의 잉크를 교환할 때 사용하는 강철 주걱.
잉크통	인쇄기에 잉크를 저장해두는 통. 오프셋 인쇄기에서는 회전하는 잉크냄롤러와 칼날(독터) 사이의 틈새를 수십 개의 나사로 조절하여 잉크내림을 한다.
자동가늠장치	인쇄기에서 종이에 인쇄되는 화상의 위치를 항상 일정하게 유지하기 위해 자동적으로 보정시키는 장치.
자동급지기	낱장 인쇄기 등에서 쌓아둔 종이를 한 장씩 공급해주는 장치. 스트림식, 유니버설식, 센터분리식 등이 있다.
종이받이판	인쇄기에서 인쇄된 종이를 받아 쌓는 판.
종이쌓음대	낱장 인쇄기에서 급지할 종이를 미리 쌓아놓는 대. 또는 배지 부분에서 나오는 종이를 받는 대.
종이추림기	인쇄기의 배지장치에서 배출되는 인쇄종이를 왕복운동을 하는 판을 옆 방향에서

	작동시켜 종이를 추리는 장치. 또는 인쇄된 종이를 재단하기 위해 쓰이는 장치.
축임롤러	오프셋 인쇄기에서 인쇄판에 물을 공급해주는 롤러. 물묻힘롤러, 물옮김롤러, 물 공급롤러로 구성되어 있다.
축임물	오프셋 인쇄에서 인쇄 판면의 비화선부에 잉크가 묻지 않도록 적셔주는 물. 대개 고무액, 인산염, 계면활성제, 알코올류 등을 혼합해 사용한다.
축임장치	오프셋 인쇄기에서 축임물을 인쇄판에 공급하는 장치. 인쇄판의 비화선부에 축임물이 흡수되어 잉크가 묻지 않게 한다.
컴파운드	인쇄 잉크에 사용하는 보조첨가제. 인쇄 잉크에 조금 첨가해 인쇄 적성을 조절하거나 잉크 피막의 성질을 개선시키기 위해 사용하는 보조제. 뒤묻음 방지용, 택(Tack) 값을 내리는 용도, 내마찰성을 높이는 용도 등 여러 가지가 있다.
통	인쇄기에서 인쇄량을 나타내는 단위. 종이 기준으로 인쇄되는 횟수를 나타낸다. 단색 인쇄의 경우 종이 매수와 통수는 같지만, 4색 인쇄를 동시에 할 때에는 '종이 매수×4' 통수가 된다.
통꾸밈	오프셋 인쇄기에서 판 및 고무 블랭킷 밑에 종이, 천 등을 넣어 통 크기를 조절시켜 인쇄 적성을 좋게 하는 것. 하드 패킹, 세미하드 패킹, 소프트 패킹 등이 있다.
트래핑	다색 인쇄에서 먼저 찍은 잉크 층 위에 다음 잉크를 얹는 것. 먼저 인쇄된 잉크를 건조시킨 다음 얹는 경우와 젖은 상태에서 얹는 경우가 있다.
흐릿함	인쇄물의 계조(콘트라스트) 정도를 표현하는 말. 인쇄로 표현된 농담의 범위가 좁고 콘트라스트가 약한 화상을 가리킨다.

참고 문헌

『책 잘 만드는 책』, 김진섭 지음, 삼진기획, 2000

『인쇄제작실무』, 이제식 지음, 미담북스, 2002

『알기 쉬운 출판제작론』, 중앙출판문화원 엮음, 세계사, 2000

『인쇄 커뮤니케이션』, 오경호 지음, 일진사, 1998

『출판사전』, 한국출판연구소 편저, 범우사, 2002

『편집 디자이너를 완성하는 인쇄 실무 가이드』, 박경미 지음, 영진닷컴, 2004

「차세대 무선철 시스템 PUR 제책」, 〈월간 프린팅 코리아〉, 김종우, 2007년 1월호

찾아보기

—— **영문**

A계열 종이 71, 73

B계열 종이 71, 73

CR 코팅 165

CTF 114, 117

CTP 19, 115, 117, 120, 184

IBM 121, 126

PUR 제책 40

PVC 링 제책 43

Quark 120, 121, 126

UV 코팅 164

—— ㄱ

가늠표 23, 85, 123, 124, 151~153, 184

가름끈 24, 30, 32, 46, 50, 52, 187

가운데매기 제책(중철) 41, 42, 111, 187

가제책 29, 50~52, 70, 80

간접비 181, 188, 189

같이걸이(돈땡) 111

갱지 64

고주파 금박 171

고주파 제책 44

고평량지 82

교정지 16, 18

국진지 71, 72

—— 국선시 판형 조건표 74

—— 국전지 계열의 필름 출력비 비교표 130

귀돌이 174

그림책 36, 65, 103

금·은 인쇄 158

금·은 붙이기 158

꼬리맞추기 112

—— ㄴ

날개 30, 37, 49, 86

낱장 교체 221

넘버링 176

녹아웃 122

―― ㄷ

대국전지 72, 88

더블톤 인쇄 157

돋음 인쇄 159

두께 게이지 23

둥근등(한양장) 33

뒤묻음 138, 151, 152, 155

드럼 스캐너 94, 95, 99

등종이 32, 46

따로걸이(혼가케) 112

띠지 56, 77, 83, 154

―― ㄹ

라미네이팅 39, 47, 167, 168

라이언코트지 64

라이트 테이블 23

레이아웃 17, 18, 40

레테르 인쇄 157

루페 23

―― ㅁ

마이크로미터 68

망점 23, 69, 99, 101, 114, 123, 126, 136, 184

매킨토시 121

매트지 64

머리맞추기 112, 113

면지 30, 32, 37, 46, 50, 55, 63

― 개별면지 32~34, 36

― 색면지 39, 54

― 인쇄면지 39, 54

― 제물면지 33~35, 37

모난등(각양장) 33

모양따기 172, 173

모조지(백상지) 64

목형 172

무아레 126

미싱 175

민인쇄 152, 210

―― ㅂ

바니시 코팅 164

바인더 제책 43

박 찍기 169

반사분해 97, 100

반양장 제책 37, 54

배어남 63, 119, 211

버니어 캘리퍼스 22, 23

변규격 72, 74

본인쇄 18, 52, 118, 119

볼록판 인쇄 144

비침 63, 69, 119, 121

비화선부 137, 144, 145, 156

―― ㅅ

사륙전지 71, 72

― 사륙전지 판형 조견표 75

선압(오시) 54, 80, 163

세양사 31, 32, 48, 58

소프트 양장 제책 38

쇠자 22

수입지 23, 47, 63, 80, 174
스노지 166
스크린 인쇄 150
스티커 인쇄 157
스프링 제책 42
슬라이드 분해 97, 100
시험인쇄 151
식모 인쇄 158
신문종이 64
실 인쇄 157
실매기 37, 38, 48, 224, 225

—— ㅇ

아트지 63, 65, 80, 98
양장 제책 24, 32
— 미싱 각양장 35
— 사철 각양장 32
— 사철 환양장 36
— 아지노 각양장 32
— 아지노 환양장 36
— 양장 제책 과정 45~47
— 양장책 단가표 58
에폭시 165~167
여분 75, 84, 174, 185
— 본문 종이 여분 계산 83
— 표지 종이 여분 계산 85
연(Ream) 82
오목판 인쇄 149
오버프린트 122
유산지 102

인디자인 121, 126
인쇄 감리 119, 154, 202
인쇄교정지 18, 98, 118, 119, 154, 168
인쇄대수 83, 184, 218, 222
인쇄비 단가 조견표 160
인쇄종이 63, 66, 142, 185, 186
인쇄판(소부판) 19, 109, 114, 135~137
입체책 44

—— ㅈ

자기 인쇄 158
저평량지 82
접지 18, 20, 45, 46, 48, 53, 54, 63, 75, 110, 111, 205
접지물 39, 40, 54, 154, 218
제작사양서 52, 192
— 제작사양서 양식 193
종목 79
종이 17, 62, 63
— 종이의 두께 18, 23, 70, 163
— 표지 종이 계산법 84
— 종이 견본 24
종이결 51, 68, 69, 79~81
중질지 64
직접비 181, 182~187

—— ㅊ

책등 21, 22, 30, 33, 39, 41, 46, 49, 50, 53, 54, 58, 222
책커버 30, 37, 63

출력선수 18, 63, 69, 123, 124
출력의뢰서 123, 125, 126, 128, 129

──── ㅋ

카본 인쇄 159
컬러 차트 141
케이스 50, 56
코트지 65

──── ㅌ

터잡기 18, 19, 34, 53, 54, 109~112, 184
트랩 122
트리플톤 인쇄 157
트윈 링 제책 43
특수지 63, 65

──── ㅍ

파라핀 코팅 165
판지 63
펄프 62, 68, 79, 121
편집배열표 23, 24, 88, 89, 125
평량 68
평면 스캐너 93
평판 인쇄 145
평활도 64, 65, 66, 69
포장종이 63
폼 인쇄 159
풀매기 제책(무선) 39
── 무선 제책 과정 48~49
── 아지노 무선 39

── 일반 무선(떡제본) 40
── 무선책 단가표 58
필름 보관함 153
필름 출력비 130~131

──── ㅎ

합지 24, 38, 58, 69, 174, 221
── 합지 사이즈 계산법 85
합지책 44
해상도 94, 95, 101
헤드밴드 24, 30, 48
화선부 19, 137, 156
횡목 79

『만만한 출판제작』 제작 사항

판형 : 170mm×245mm

쪽수 : 240쪽

본문 및 표지 디자인 : 장원석

서체 : 제목은 sm신명조, 중간제목은 sm견출고딕, 본문의 한글은 sm신명조, 영문 및 숫자는 Garamond 사용.

사진원고 : 캐논 디지털카메라를 이용해 해상도 3264×2448픽셀로 촬영. 일부는 평판 스캔을 받아 사용. 제작업체에서 협찬받은 자료는 제작처에서 직접 촬영.

종이 : 한솔PNS 협찬

본문은 한솔제지 하이플러스 100g/㎡ 대국전지 종목, 면지는 한솔제지 매직칼라(노란색) 120g/㎡ 사륙전지 종목, 표지는 한솔제지 아트지 250g/㎡ 국전지 종목 사용.

* 한솔PNS : 서울시 중구 퇴계로 213 일흥빌딩 5층 (전화 02-772-5124)

인쇄 : POD코리아 협찬

하이브리드망점 240선 CTCP 출력.

* POD코리아 : 경기도 파주시 교하읍 다율리 69-6 (전화 031-946-9312)

표지 특수가공 : 이지앤비 협찬

이지스킨, 유광먹색실크(특허 제10-1081185호) 작업.

* 이지앤비 : 경기도 파주시 신촌동 26 (전화 031-932-8755)

제책 : 경문제책 협찬

16쪽 접지, 무선 제책.

* 경문제책 : 경기도 고양시 일산구 장항동 602-45 (전화 031-908-2871)

만만한 출판제작 개정판

2014년 4월 17일 1판 1쇄 발행
2025년 4월 7일 1판 2쇄 발행

지은이 —— 박찬수
펴낸이 —— 한기호
펴낸곳 —— 한국출판마케팅연구소
　　　　　 출판등록 2000년 11월 6일 제10-2065호
　　　　　 주소 121-839 서울시 마포구 서교동 484-1 삼성빌딩 A동 2층
　　　　　 전화 02-336-5675 팩스 02-337-5347
　　　　　 이메일 kpm@kpm21.co.kr
　　　　　 홈페이지 www.kpm21.co.kr

ISBN 978-89-89420-87-3 03010

책값은 뒤표지에 있습니다.

「이 도서의 국립중앙도서관 출판시도서목록(CIP)은 서지정보유통지원시스템 홈페이지(http://seoji.nl.go.kr)와
국가자료공동목록시스템(http://www.nl.go.kr/kolisnet)에서 이용하실 수 있습니다.
(CIP제어번호: CIP2014010507)」